Ralf Johann Göppert

Praktischer Alltag mit dem Urteilchen-Strahler

Einsatzmöglichkeiten im täglichen Gebrauch

RiWei
Verlag -GmbH

1. Auflage Februar 2007
2. Auflage Januar 2008
3. Auflage Juni 2013

Gesamtherstellung: RiWei-Verlag GmbH
Druck: RiWei-Verlags Druckerei

Baierner Weg 4
93138 Hainsacker
Tel. 0941 / 799 45 70
Fax. 0941 / 799 45 72
eMail: info@riwei-verlag.de
Sender: www.riwei.tv

ISBN 978-3-89758-307-8

Ralf Johann Göppert

Praktischer Alltag mit dem Urteilchen-Strahler

Einsatzmöglichkeiten im täglichen Gebrauch

Gott zum Gruß, liebe Freunde und Anwender der Orgon- und Urteilchen-Energien! Ich widme dieses Buch Gott Vater, allen Helfer-Engeln und kosmischen Freunden und Begleitern, die mich intuitiv, instinktiv und liebevoll bei meiner Arbeit mit dem Urteilchen-Strahler geführt und unterstützt haben. Wenn man Gott Vater, den lieben(den) Gott, nämlich bittet, einem zu helfen und dieser Wunsch aus tiefem Herzen kommt, so braucht man nur auf Eingebungen verschiedenster Art in seinem Leben zu horchen. Sie sind da. Man muss sie nur sehen, spüren oder mitbekommen und steht dann wie ich unter dem allgegenwärtigen Schutz von Gott Vater. Nach dem Erfolg meines ersten Buches über die Einsatzmöglichkeiten mit dem ORa-Orgon-Strahler, fragte mich mein Freund und Herausgeber Richard Weigerstorfer, ob ich nicht auch ein ähnlich spannendes Buch über den Urteilchen-Strahler in meiner natürlich lockeren Schreibweise machen wolle. Ich willigte sofort ein und fing an, meine Experimente mit dem Urteilchen-Strahler zu Papier zu bringen. In diesem Sinne wünsche ich Euch viel Freude beim Lesen, Nachmachen oder Rumexperimentieren.

Euer Ralf Johann

Inhaltsverzeichnis

Inhaltsverzeichnis 5
Vorwort 6
Wie alles anfing 8
Die erste Nacht 9
Bestrahlen von Pflanzen 10
Bestrahlen von Häusern 11
Sommer 2006 14
Arbeiten mit Pflanzen 22
Mutter Erde helfen 29
Behandlung von tief sitzenden Problemen 33
Löschen von anhaftenden Energien 40
Heilen von Narben 43
Heilen von Störungen im Mutterleib 45
Unterstützung beim Abnehmen 48
Richtiges Einstrahlen 56
Reise zu den Elfen, Zwergen und Feen 63
Die ‚Sprit-Spar-Essenz' 66
‚Live on Tour' 68
Dinge des täglichen Lebens 76
Partnerschaften, Freundschaften, Familien und Ehen 78
Erzengel Michael 84
Praktische Tipps für den Urteilchen-Strahler 91
Schlusswort 105
Worte des Dankes 107

Vorwort

Nun, dieses Buch entstand als logischer zweiter Schritt, nachdem mein erstes Buch, das im RiWei Verlag unter dem Titel *Praktischer Alltag mit dem ORa-Orgon-Strahler - Einsatzmöglichkeiten im täglichen Gebrauch* erschienen ist, so gut ankam.

Richard Weigerstorfer, mein Freund und Herausgeber, fragte mich, ob ich auch ein ähnlich interessantes Buch über den Urteilchen-Strahler schreiben könnte. Der Schwerpunkt dieses Buches solle die praktische Anwendung des Energie-Strahlers im Alltag sein.

Da ich aurasichtig und auch hellsichtig bin, reizte es mich natürlich, die Prozesse, die vom Urteilchen-Strahler ausgelöst wurden zu verfolgen und in einem Buch zu beschreiben und zu dokumentieren.

Ich versuche es so zu vermitteln, dass es alle Leser auch miterleben können.

Da ich keine so ernste Formulierungsweise habe, lasse ich gerne mein inneres Kind schreiben. Dieses Buch ist daher eher wie ein Freund und Ratgeber geworden, den man bei schwierigen Situation immer wieder gerne heranzieht.

Es ist eine Ergänzung zu meinem ersten Buch über den ORa-Orgon-Strahler, denn alle Dinge, die ich dort beschrieben habe, kann man auch mit dem Urteilchen-Strahler praktizieren. Ideal wäre es, mit beiden Büchern zu arbeiten, um alles, was ich über Energie-Strahler geschrieben habe, nachvollziehen und selbst ausprobieren zu können.

Dieses Buch setzt sich folgendermaßen zusammen:

Der erste Teil des Buches bezieht sich auf den ORa-Orgon-Strahler und auf den Urteilchen-Strahler, da die besprochenen

Einsatzmöglichkeiten sowohl auf den einen, als auch auf den anderen Energie-Strahler zutreffen.

Im zweiten Teil jedoch, kommen nur Anwendungsmöglichkeiten zum Einsatz, die ausschließlich mit dem Urteilchen-Strahler machbar sind.

Vorab möchte ich noch sagen, dass meine Art zu beten, segnen oder Ansprache mit Gott Vater, der geistigen Welt und den Engeln zu halten, nichts mit bekannten Religionen oder anderen Glaubensrichtungen zu tun hat, sondern aus tiefer Liebe zu unserem Schöpfer geschieht!

Jetzt wünsche ich Euch noch viel Freude und tiefe Liebe beim Nachempfinden, Lesen, Studieren oder Rumexperimentieren!

Wie alles anfing

Kaum hatte Richard Weigerstorfer mir den Urteilchen-Strahler per Post zugeschickt, machte ich auch schon freudestrahlend mit ihm Bekanntschaft und schloss ihn gleich aufgrund seiner Ausstrahlung in mein Herz. (Siehe Foto)

Ich begann sofort, mit allen Dingen, die für mich selbstverständlich sind, bevor ich mich ans Experimentieren heran mache.

Ich sage immer bevor ich etwas mache, das Haus verlasse oder in Geschäfte gehe: „Weißgoldenes Christuslicht durchflutet meinen Körper, hüllt mich ein, schützt mich und reinigt mich. Schützt und reinigt meine Aura und meine Chakren. Danke Vater, Amen."

Danach segnete ich den Urteilchen-Strahler im Namen des Vaters, des Sohnes und des heiligen Geistes und bat Gott Vater nur sein Licht, also das weißgoldene Christuslicht, durch ihn fließen zu lassen.

Sofort sah ich dann auch weißgoldenes Licht auf mich zukommen. Es durchflutete mich, im wahrsten Sinne des Wortes. Es war so wohlig warm und überall kribbelte es. Ja, das Gefühl erkenne ich sofort, wenn der Vater seine Energie schickt.

Nach kurzem Genießen fing ich auch schon mit dem ersten Versuch an.

Wie stark wird der Unterschied zwischen meinen beiden Energie-Strahlern, dem ORa-Orgon-Strahler und dem Urteilchen-Strahler, sein?

Also erst einmal habe ich die vergoldete Wabe angeschlossen und meine linke Hand draufgelegt. Jetzt strahlte ich mir quasi meine eigene Energie ein. Es ging doch deutlich schneller als beim ORa-Orgon-Strahler.

Etwa fünfzehn Minuten ließ ich die Energie fließen. Es war sehr angenehm.

Nach der Kennenlern-Phase beschlossen der Urteilchen-Engel und ich, ihm einen vertrauten Namen zu geben. Wir entschieden uns, ihn J o n a t h a n zu nennen. Der Name gefiel ihm.

Jonathan bedeutet ‚Gott hat gegeben' oder ‚Geschenk Gottes' und das ist er ja auch.

Also wenn Ihr in diesem Buch den Namen Jonathan hört, wisst Ihr, dass der Urteilchen-Strahler (Engel) gemeint ist.

Die erste Nacht

Die selben Experimente, die ich in der ersten Nacht mit Jonathan machte, hatte ich auch damals mit meinem ORa-Orgon-Strahler durchgeführt.

Ich stellte ihn auf das Nachtkästchen und zwar so, dass er mich die ganze Nacht über ununterbrochen bestrahlte.

Ihr werdet jetzt denken: „Um Gottes willen! Ist der noch ganz bei Trost? Die ganze Nacht über diese Menge an Energie?"

Ich muss dazu sagen, dass ich mich nach dem Gebet mit dem lieben Gott auch immer in weißgoldenes Christuslicht einhülle und dieses mal auch darum bat, dass die Energie von Jonathan, falls sie zu stark in der Nacht werden sollte, liebevoll in andere Gefilde umgeleitet werde, die sie gebrauchen könnten.

Der Kerl ist ja echt clever, wird jetzt der eine oder andere sagen. Und es ist ja nun mal so: Eigentlich kann man nie zuviel Energie bekommen, aber eine Bitte ‚ganz oben' als Schutz ist immer hilfreich.

Jedenfalls fühlte ich mich am nächsten Morgen nach etwa acht Stunden Schlaf ziemlich fitt und hatte das Gefühl, schon lange nicht mehr so tief und fest wie in dieser Nacht geschlafen zu haben. Ich hatte sehr intensiv geträumt und auch diverse Dinge aufgearbeitet.

Na, da hatten die Engel aber sicher mitgewirkt.

Ich möchte jetzt aber betonen, dass ich nicht empfehle, den Urteilchen-Strahler, den ihr zu Hause habt, gleich am Anfang die ganze Nacht auf Euch zu richten und Euch damit zu bestrahlen. Probiert es erst einmal mit 15 Minuten, dann vielleicht mit 30 Minuten und dann könnt Ihr es langsam steigern, vorausgesetzt, dass Ihr Euch wohl dabei fühlt!

Da ich aber schon viele Jahre mit Orgon-Energien der verschiedensten Arten zu tun habe und auch beruflich damit arbeite, ist es für mich Gewohnheit, diese hohen Energien zu spüren.

Wie gesagt: Solange man sich wohl fühlt, ist alles okay. Ist die Energie (noch) zu stark für Euch, dann bestrahlt Euch erst einmal in kürzeren Abständen.

Genaueres dazu hat Richard Weigerstorfer in seiner Grundlagen DVD zum Urteilchen-Strahler erklärt.

Bestrahlen von Pflanzen

Ich habe dann angefangen, Pflanzen im Haus und in unserem Garten systematisch mit Jonathan zu bestrahlen. Da wir gerade schönes Wetter hatten und es nicht zu heiß war, konnte ich auch wundervoll wahrnehmen, wie die Pflanzen auf die Energien von Jonathan reagierten. Es war ganz unterschiedlich!

Einige haben die Energien eingesogen wie ein Schwamm, der in Wasser getaucht wird und andere wiederum haben nur ein klein wenig Energie aufgenommen.

Da ich auch in gewisser Weise mit Pflanzen kommunizieren kann, habe ich auf meine Art und Weise nachgefragt.

Es hieß, das Pflanzen, die sich vernachlässigt fühlen und glauben, zu wenig Liebe zu bekommen, die wie ein Schwamm viel Energie aufsaugen. Die Pflanzen aber, die voller Liebe, Frieden und Vertrauen leben, sind ja sowieso schon an die göttliche Versorgungsquelle - so nenne ich sie einmal - angeschlossen und brauchen daher weniger Energie von Jonathan.

Ist ja eigentlich logisch. Hätte ich auch selber darauf kommen können.

Wie beim ORa-Orgon-Strahler auch, kann man mit dem Urteilchen-Strahler über ein Foto genauso Pflanzen, Bäume und alles andere in der Natur bestrahlen.

Gute Möglichkeiten bietet uns heute schon die Digitalkamera:

Ich gehe zu der kranken oder behandlungswilligen Pflanze und fotografiere sie. Dann drucke ich das Foto aus und kann es jetzt mit einem der beiden Strahler mit Energie versorgen.

Das ist sehr praktisch, wenn es draußen regnet oder so.

Bestrahlen von Häusern

Ein guter Freund von mir, fragte mich, ob ich sein Haus mit Jonathan bestrahlen könnte.

„Klar!", sagte ich sofort!

Er fragte, ob ich denn die Holzwürmer aus seinem Haus, genauer aus einigen Balken vertreiben könnte.

Ich sagte ihm, dass ich es probiere und fing kurze Zeit später an. Ich spürte schon nach wenigen Sekunden, nachdem ich Jonathan auf ein Foto von dem Haus gerichtet hatte, dass sich etwas tat. Die Energie wurde immens stark und der ganze Raum indem wir uns befanden, wurde von ihr durchflutet von sehr starker Energie.

Und sie war so schön weich und anschmiegsam, die Energie! Man hätte drin baden können!

Nach einigen Minuten wurde sie wieder schwächer, ein Zeichen für mich, dass die meiste Arbeit wohl getan war.

Die Holzwürmer mitsamt Kind und Kegel verabschiedeten sich bald nach der Behandlung.

Ist doch `ne super coole Methode und völlig ungiftig, diese kleinen Störenfriede umzuquartieren. Die geistige Welt führt sie dann zu Holzstücken, an denen sie nach Lust und Laune rumknabbern können.

Die nächste Behandlung seines Hauses ließ nicht lange auf sich warten:

Er wollte, dass ich Jonathan bat, ihm die ganzen Holzbalken zu energetisieren und die Energie so zu erhöhen, dass die Balken auch am ‚Sankt Nimmerleins Tag' noch halten.

Nach einem dezenten Lächeln fragte ich Jonathan, ob das machbar ist. Er sagte mir als Stimme im Kopf: „Ja".

Ich bestrahlte also wieder sein Haus und die Balken bekamen mehr Festigkeit.

Danach wurde das ganze Grundstück noch einmal über eine Luftaufnahme nach Störfeldern abgesucht, die wir vielleicht übersehen hatten.

Diese Idee bekam ich einfach so in den Kopf. Plötzlich war sie da! So geht das manchmal, wenn man mit der geistigen Welt zusammen arbeitet.

Ihr müsst Euch das mit dem Absuchen so vorstellen:

Ihr bittet Euren Urteilchen-Strahler Euch ein Zeichen zu geben, falls eine Störung da ist, während Ihr langsam mit ihm das ganze Foto absucht.

Gibt es eine Störung, dann fragt nach, ob es eine Wasserader, eine Erdverwerfung, Erdstrahlen, Funksmog, Elektrosmog oder andersartige Störfelder sind.

Ihr könnt mit ihm für ein ‚Ja' z. B. ein Piepsen im rechten Ohr ausmachen, ein Brummen oder was immer Ihr auch wollt.

Es ist natürlich auch möglich, den Tensor oder das Pendel zu Hilfe zu nehmen.

Aber bevor Ihr so etwas macht, schützt Euch gut und bittet Erzengel Michael beispielsweise um Schutz vor Foppgeistern. Er ist der richtige Engel und Ansprechpartner dafür.

Doch zu Erzengel Michael kommen wir später noch genauer. Ihm widme ich ein eigenes Kapitel.

Das nächste, was man mit dem Urteilchen-Strahler beim Reinigen eines Hauses machen kann, ist, sämtliche Teppiche, Teppichböden, Gardinen, Fenster, Türen und Schränke - im Prinzip alles, was im Haus ist, zu reinigen oder mit Energie zu versorgen.

Dabei sollte man sich liebevoll Zimmer für Zimmer vornehmen und jedes Mal genau formulieren, was gereinigt werden soll. Also ich sage beispielsweise: „Jonathan, bitte reinige diesen Küchenschrank hier und alles, was darin ist mit weißgoldenem Christuslicht. Vielen Dank. Amen."

Das ist jetzt meine Art und Weise vorzugehen. Ihr könnt gerne für Euch andere Formulierungen wählen. Das bleibt Euch überlassen. Der Urteilchen-Strahler wird ein guter Freund, wenn Ihr regelmäßig mit ihm redet und er gehört bald ganz selbstverständlich zur Familie dazu und ist dann nicht mehr aus selbiger wegzudenken.

Sommer 2006

Dieser Sommer war wohl der ungewöhnlichste, den ich in diesem Leben bisher erlebt hatte.

Er fing hier im Allgäu pünktlich zur Fußball Weltmeisterschaft an. Genau am 09.06.2006 war der Sommerbeginn.

Merkwürdig, dachte ich mir noch.

Dieses Gefühl blieb die ganze Zeit über. Ich beobachtete den Himmel, wenn Fußballspiele waren, besonders wenn Deutschland spielte.

Eine erstaunliche Schwingung war dort zu erleben.

Wir hatten einen strahlendblauen Himmel, kein Wölkchen war zu sehen, keine Flieger, die irgendwelche Chemtrails sprühten.

War schon sehr seltsam!

Sonst wurde 2-3x die Woche versucht, den ganzen Himmel zu zusprühen, aber während der WM war nichts davon zu sehen.

Das Phänomen blieb bis zum Ende der WM.

Schon einen Tag später waren die Flugzeuge wieder pünktlich unterwegs und begannen dezent zu sprühen.

Dank der Orgon-Technologie löste ich diese aber großräumig am Himmel hier über uns mit Hilfe der Sylphen, also Luftengeln, wieder schnell auf.

Das Wetter blieb aber trotzdem heiß, noch volle drei Wochen lang. Gesprüht wurde gelegentlich, aber nur dezent. Alles hielt sich in Grenzen und ich hatte auch keine Mühe, die Chemtrails bei uns wieder aufzulösen.

Dann geschah das, was bis heute immer noch anhält: Es wurde schlagartig kalt!

Erst wurde der Himmel derart heftig zugesprüht, wie ich es erst einmal erlebt hatte, - ich glaube das war im Spätsommer 2003.

Ich kam durch die ‚dicke Suppe' am Himmel nicht mehr durch. „Keine Chance", dachte ich zuerst. Die verschiedenen Orgon-Geräte, die ich speziell dafür gebaut hatte, reichten nicht aus. Vor allem, wenn ich am Auflösen war, kamen immer mehr Flieger und sprühten und sprühten und hörten nicht auf damit.

Machten die das nur, um uns hier zu ärgern?

Jetzt kam der Zeitpunkt, an dem der Urteilchen-Strahler ins Spiel kam.

Ich ging mit Jonathan nach draußen.

Ich nahm ihn liebevoll in die Hand und flüsterte ihm zu: „Jonathan, löse bitte mit Hilfe der geistigen Welt diese Ungerechtigkeit da am Himmel auf."

Dann stellte ich ihn draußen so auf, dass er geschützt in Richtung Himmel strahlen konnte.

Schon nach ein paar Minuten tat sich etwas.

Ich konnte folgendes beobachten:

Die Wolkenformationen, die mehr als unnatürlich aussahen (vielleicht Haarp?) fingen an, sich zu verändern. Es ging ein gigantischer Strahl aus Jonathan hervor und er wandelte alles am Himmel um.

Ich ging dann wieder hinein. Jonathan stand ja an einer geschützten Stelle, wo niemand dran kam. Ich konnte ihn also beruhigt eine Zeitlang alleine draußen lassen.

Nach etwa fünfzehn bis zwanzig Minuten merkte ich plötzlich, dass die Sonne sich am Fenster zeigte.

Sofort ging ich hinaus, um zu sehen, was da am Himmel vor sich ging!

Und was da abging!

Der Himmel war fast komplett befreit von unnatürlichen Wolken und Gebilden jeglicher Art.

Schwester Sonne lachte herunter vom Himmel!

Es wurde fleißig weiter gesprüht; doch Jonathan und meine Orgon-Geräte beseitigten diese wieder recht schnell.

Man konnte wieder befreit durchatmen!

Ich probierte es in den nächsten Tagen mit dem ORa-Orgon-Strahler auch aus. Es geht langsamer, aber es klappt auch (siehe mein Buch *Praktischer Alltag mit dem ORa-Orgon-Strahler*).

Wenn jetzt bei uns wieder unnatürliches am Himmel geschieht und wieder Chemtrails ohne Ende gesprüht werden, wird Jonathan liebevoll gebeten, doch wieder das natürliche Gleichgewicht herzustellen.

Aber das war noch nicht alles!

Das Heftigste kommt noch!

Ich bin so liebevoll ein paar Tage später hier im Esszimmer mit Jonathan am experimentieren, als ich merkte, dass schwingungsmäßig irgendwas nicht stimmte.

Ich sagte also über Jonathan nach ‚oben' zu denen, die in der Atmosphäre waren und nichts Gutes im Schilde führten: „Jetzt reicht's! Macht euch vom Acker! Ihr seid hier unerwünscht!"

Dann richtete ich Jonathan in die Richtung nach draußen.

Es fing innerhalb von drei oder vier Minuten an, sich am Himmel zuzuziehen. Am helllichten Tag wurde es schwarz wie in der Nacht und es kam ein orkanartiger Sturm auf, gefolgt von einem schweren, heftigen Gewitter und einem sintflutartigen Regen!

Innerhalb kürzester Zeit ist unser Bach in etwa 100m Entfernung voll und tritt über die Ufer!

Es schüttet, wie ich es wohl noch nie in diesem Leben erlebt habe!

Die überdachte Terrasse ist binnen kurzer Zeit überflutet, da der Regen von der Seite reinpeitscht und reindrückt.

Oben schauen, im Keller schauen, dass nichts rein läuft...

Dann kommt die rettende Idee!

Das Gebet!

Inständig bitte ich Gott Vater, uns zu helfen!

Dann nehme ich Jonathan und stelle ihn auf der Terrassenüberdachung oben ins Gebälk und lasse ihn durch die transparente, hagelsichere Überdachung nach oben strahlen.

Der Urteilchen-Strahler im Gebälk der Terrassenüberdachung aufgestellt

Das Gebet in Verbindung mit Jonathan hilft. Das Unwetter, das sich schlagartig zugezogen hatte, löste sich auch genauso schnell wieder auf!

Mehrere Dankesgebete erfolgten voller Dankbarkeit an Gott Vater!

Oh Wunder!

Bald zeigte sich wieder etwas Lichtes am Himmel!

Ich war also gewarnt! Natürlich telefonierte ich jetzt im Bekannten- und Freundeskreis herum, um zu erfahren, ob denn bei ihnen auch derartiges passiert war.

Und was glaubt ihr? Nein! Nur quasi grob über unserem Ort mit dem Epizentrum sozusagen über unserem Grundstück war es geschehen!

Na, da könnt Ihr Euch vorstellen, was da vor sich ging in meinem Inneren!

Es hat aber auch gezeigt, dass der Kampf zwischen Licht und Dunkelheit immer vom Licht gewonnen wird, wenn man genügend Gottvertrauen und positive Denkweisen besitzt.

Etwa eine Woche später passierte wieder etwas schier Unglaubliches:

Bei uns in der Nähe war ein ‚Irischer Tag'.

Es gab irische Spezialitäten und irische Musik und Kultur!

Okay, abends die irische Musik genießen, war was ganz Feines!

Für mich als alter Highlander (siehe mein erstes Buch), war es fast selbstverständlich, dies alles sehr zu genießen. Hat doch die irische Folkmusic, die gleichen Wurzeln im Keltischen, wie die schottische.

Kaum dort angekommen, sah ich wie der Himmel dunkler wurde.

Ich sprach leise zu den Engeln: „Es wäre schön, wenn jetzt dieses Open Air Konzert vom Regen verschont bleibt".

Es hielt sich lange recht gut, aber dann kam doch der Regen.

Der irische Sänger nahm es mit Humor. Er sagte: „Ist ja klar, irische Musik, irisches Wetter!"

Die Leute lachten. Wir standen etwas überdacht, da auf dem Marktplatz einige Häuser Einbuchtungen haben, wo man recht trocken stand. Dann sah ich in die Richtung, wo wir etwa wohnten.

Dort war der Himmel schwarz! Meine innere Stimme warnte mich und riet, dringend nach Hause zu fahren!

Gesagt getan: Die schöne Musik sein lassen und durch den mittlerweile recht heftigen Regen zurück zum Auto.

Die 15-minütige Fahrt wurde immer wieder von peitschendem Regen überschattet. Je näher wir kamen, desto stärker wurden der Wind und der Regen.

Es goss in Strömen! Es kübelte wie aus Eimern!

„Hatte ich das etwa entfacht“, kam es mir in den Sinn.

Ich dachte: „Wo stand Jonathan gerade?“

Rein ins Haus. Zum Glück war nichts in den Keller gelaufen.

Zu Jonathan hin. Er stand auf der Anrichte.

In Gedanken verband ich mich mit ihm feinstofflich und fragte nach, was das ausgelöst hatte.

Es kam die Antwort: „Rache.“

Ich fragte: „Von wem?“

„Sei nicht so naiv“, sagte es in meinem Kopf. „Aha von denen“, dachte ich.

Gut, Jonathan genommen, nach draußen gegangen und ihn in Richtung Himmel gestellt, natürlich wieder überdacht.

Kurze Zeit später war der ‚Spuk' vorbei.

Sogar gehagelt hatte es kurz vorher noch.

Ich bat Jonathan, es liebevoll zu lösen und bat um Frieden mit ‚Denen'.

Seitdem ist Ruhe. Denn göttliche Friedensangebote müssen auch die akzeptieren.

Ich betete dann auch noch: „Licht und Liebe allen Lebensformen in allen Universen und Dimensionen. Der Friede sei mit Euch!"

Auch mit Gott Vater verband ich mich noch im Gebet und bat ihn, uns immer genügend Schutz und Hilfe zu schicken und so viel Eingebung, dass wir, die spirituellen Menschen hier im Allgäu, genau möglichst das tun, was das Richtige ist.

Danach spürte ich eine tiefe, innere Ruhe und einen Frieden im Herzen und wusste, dass alles zum Guten geschieht.

Unwetterbekämpfung und Bekämpfung schlechter Energien mit dem Urteilchen-Strahler

Arbeiten mit Pflanzen

Ich hatte das Gefühl, dass ich das ‚*Sommer 2006*-Kapitel' genau an die Stelle setzen sollte, wo es steht, um zu zeigen, wie heftig und wie stark die Elemente sind, aber in Verbindung mit der geistigen Welt wieder alles in Einklang zu bekommen ist.

Ich habe ein Experiment mit Löwenzahn und Brennnessel gemacht, was ich Euch nicht vorenthalten möchte.

Also zuerst frische Löwenzahnblätter und Brennnesseln aus dem Garten geholt. Die Brennnesseln wachsen genau auf der Grenze zum Nachbarn.

Aber zuerst mit den Pflanzen reden und sie fragen, ob man sie pflücken darf, um daraus einen Tee zu brühen. Sie sagen dann schon „ja", denn sie möchten gerne mit Freuden den Menschen dienen. Es ist ja so, wie Haare schneiden, wenn ihr etwas von ihnen abschneidet: Es wächst ja nach.

Also, diese gewaschen und gesegnet und dann mit heißem Wasser überbrüt, um Tee zu machen.

Dann probierte ich den Tee, puh, war der bitter!

Ich weiß, ich weiß! Bitter ist gut für den Körper!

Aber da ich ja ein Tüftler bin, kam jetzt der Urteilchen-Strahler ins Spiel!

Ich bat Jonathan, den bitteren Geschmack zu wandeln, ohne die Gesundheitsstoffe zu verringern.

Auf gut deutsch: Er sollte genauso gesund für den Körper bleiben, nur nicht so bitter schmecken!

Gesagt, getan! Erst mit dem schwarzen Ende alle negative Energie herausziehen, dann mit dem roten Ende positive Energie hinzufügen.

Schon nach wenigen Minuten schmeckte der Tee viel bekömmlicher! Der nächste Versuch wurde mit Tomaten gemacht.

Aufgrund der 7-wöchigen Hitze hatten sie gelitten, trotz des täglichen Gießens am Abend. Einige Tomaten haben braune Stellen bekommen.

Zuerst hatte ich sie nur mit einer verdünnten EM-Wasser Lösung besprüht. Das sind effektive Mikroorganismen. Das half bedingt. Die Mikroorganismen im EM taten ihr Bestes, aber es war schon heftig viel Arbeit!

Dann fiel mir Jonathan als Hilfe ein!

Ich ging in den Garten und jede Tomatenpflanze und natürlich auch jede Tomate wurde mit Jonathan behandelt.

Und siehe da: Es geht ihnen besser!

Um das ganze Haus mit Garten beispielsweise zu bestrahlen, eignet sich wunderbar eine Luftaufnahme des Grundstücks.

Über *google* kann man jetzt schon passable Luftaufnahmen im Internet von seinem Grundstück finden.

Ich hatte auf der Gemeinde gefragt und sie hatten mir gesagt, dass es von jedem Grundstück Luftaufnahmen gibt und das von jeder Stadt und von jeder Gemeinde.

Meistens werden die nicht kostenlos herausgegeben. Aber fragen kann man ja. Wir haben einen Ausdruck unserer Luftaufnahme bekommen.

Ich scannte ihn ein, bearbeitete ihn mit einem Programm und druckte es für mich passend aus. Dann schweißte ich dieses Bild mit meinem Laminiergerät ein.

Jetzt konnte ich Jonathan gezielt davor stellen und so genau die Teile bestrahlen, die ich möchte.

Jetzt zu meiner neuesten Eingebung, die ich hatte: Das Blumenwasser im Zerstäuber wird ja mit EM versetzt, um den Pflanzen Gutes zu tun.

Jetzt fing ich an, das EM-Blumenwasser noch extra mit Jonathan zu energetisieren. Ich sprach dazu etwa folgenden Text: „Jonathan, lasse bitte Heilenergie und gute Wachstumsenergie in dieses EM-Wasser fließen, dass es den Pflanzen gut tut und ihnen hilft, gesund und prächtig zu wachsen und zu gedeihen.“

Was glaubt ihr, was dann geschah?

Genau! Es funktionierte! Die Energie ist um ein Vielfaches höher gewesen als nur mit EM.

Wenn ihr beispielsweise einen kranken Baum habt und nicht wisst, was er hat oder wie ihr ihm helfen könnt, solltet ihr vielleicht folgende Reihenfolge benutzen:

1. Den Baum genau untersuchen, ob er Pilzbefall oder Läusebefall etc. hat.
2. Prüfen oder prüfen lassen, ob er auf einer Wasserader, einem geopathischen Störfeld oder anderen Störungsfeldern steht.
3. Den Baum umarmen und so versuchen, Kontakt mit ihm zu bekommen. Das klappt in der Regel schon. Es kann manchmal eine Zeit dauern, aber es klappt meistens!
4. Den Baum mit dem Urteilchen-Strahler behandeln.

Da gibt es verschiedene Möglichkeiten:

Eine wäre die eben erwähnte, also über ein Foto. Nur kann es natürlich sein, dass das Foto eine zu grobe Auflösung hat und eine genaue Behandlung ist über eine Luftaufnahme nicht möglich.

Dann hilft es auch, ein Foto des Baumes zu machen und dieses dann zu bestrahlen. Es geht natürlich auch, ein Blatt oder einen Teil von der befallenen oder kranken Stelle des Baums zu nehmen (nach vorheriger Nachfrage beim Baum) und dieses zu bestrahlen.

Ihr könnt natürlich auch folgendes machen:

Ihr nehmt ein Stück vom Baum und legt ihn auf die Wabe des Urteilchen-Strahlers. Diese sollte jetzt natürlich mit dem Urteilchen-Strahler verbunden sein. Nun stellt ihr Euren Urteilchen-Strahler, der mit der Wabe verbunden ist und ein Stück des kranken Baums enthält, vor den Baum und bestrahlt ihn, - also sozusagen eine Eigentherapie.

Das hilft auch!

Wie Ihr seht, gibt es viele Möglichkeiten, den Pflanzen, Bäumen und auch der Natur zu helfen!

Das Regenwasser in unseren Regentonnen wird selbstverständlich regelmäßig mit Jonathan bestrahlt und positiv aufgewertet.

Folgendes Experiment klappt wunderbar:

Ich besorge mir ein Plexiglasröhrchen, wo ich beide Seiten mit einem Kunststoffstöpsel wasserdicht verschließen kann. Man kann auch Glas nehmen, aber ich bevorzuge Plexiglas, denn das ist bruchsicher. Es funktionieren auch Schraubgläser oder Kunststoffschraubgläser. Da könnt Ihr Eurer Phantasie freien Lauf lassen.

Jetzt werden diese Gefäße mit Wasser (am besten Heilwasser) gefüllt. Verschraubt bzw. verschlossen kommen sie jetzt vor den Urteilchen-Strahler oder den ORa-Orgon-Strahler. Beim ORa-Orgon-Strahler wird die Wabe angeschlossen und über diese werden positive Energien ins Wasser gegeben.

Beim Urteilchen-Strahler braucht nichts angeschlossen zu werden. Man flüstert ihm einfach zu, was in das Wasser gestrahlt werden soll und er macht es dann!

Ich gebe beispielsweise gerne folgende Schwingungen hinein:

Heilung von Natur, Pflanzenreich, Tierreich und *Mensch.*

Das Wasser soll rechtsherum drehen,

Entstörung von allen negativen Energien,

positive Wachstums – und Gesundungsschwingung und

Friedensenergie.

Nachdem ich dieses über Jonathan in das Wasser gegeben habe, kommt so ein Gefäß in jede Regentonne. Jetzt geht über das Gefäß permanent feinstofflich diese Energie immer an das Regenwasser ab und so durch das Gießen auch an die Umwelt.

Man kann es auch wie auf dem folgenden Foto machen, indem man den Urteilchen-Strahler direkt oberhalb der Regenrinne positioniert und so das ablaufende Regenwasser behandelt, welches bei uns in die Kanalisation abfließt.

Ich plane dieses auch an oder in den Regenrinnen zu installieren, damit die Heilenergie noch flächendeckender in die Natur kommt.

Unser Bach, der nahe am Grundstück vorbeiläuft, wird auch noch so bestückt werden, damit auch andernorts das Wasser aufgewertet ankommt.

Ideal wäre es, dieses an einer Quelle, die gerade entspringt zu installieren!

Energetisierung des Regenwassers in der Regenrinne

Ihr seht, es gibt viele Möglichkeiten und Ideen. Sie warten nur darauf, verwirklicht zu werden.

Ganz wichtig ist es jedoch, Euch immer beim lieben Gott und seinen Engeln zu bedanken für all die wundervollen Eingebungen und Ideen und natürlich das auch hinterher zu wiederholen, wenn ihr sie erfolgreich verwirklicht habt.

Ich bekomme die meisten Ideen morgens im Halbschlaf, bevor ich richtig wach werde. Dann versuche ich, mir immer alles zu merken oder gleich aufzuschreiben.

Einen Block und einen Stift am Bett liegen zu haben, ist da sehr hilfreich (oder wie ich ein Diktiergerät).

Gerade jetzt, da ich das hier alles niederschreibe, bekomme ich eine neue Eingebung:

Wie wäre es mit Seen, größeren Gewässern, Meeren oder einfach das Naheliegendste: mit der Kanalisation?

Diese Eingebungen, die ich gerade bekam, werde ich bald umsetzen. Ich denke, am Ende des Buches werde ich schon erste Erfolge schildern können.

Vielleicht kann man ja auch die Essenz *‚nur die Wahrheit sagen zu wollen'* in das Wasser geben. Dabei berücksichtigt man natürlich den freien Willen des Einzelnen, den wir ja vom lieben Gott bekommen haben, denn jeder sagt soweit die Wahrheit, wie er/sie es kann, unter Berücksichtigung seines eigenen freien Willens.

Ich stelle mir gerade vor, wie so eine Essenz, die ich mit dem Urteilchen-Strahler hergestellt habe, in Berlin und den Sitzen anderer Regierungen durch die Leitungen fließt.

Die Gedanken sind frei!

Wie wäre es, regelmäßig den Himmel mit dem Urteilchen-Strahler zu bestrahlen und ihm folgende Energie mitzugeben:

„Bitte gebe nach oben weiter, dass das Wetter, das uns beschieden wird, das enthält, was der liebe Gott für uns vorgesehen hat und ändere alles andere dahin gehend um."

Denn es heißt doch schließlich: „Herr (Gott Vater), Dein Wille geschehe".

Das sollte man nie aus den Augen verlieren!

Ich stelle mir schon im Geiste viele von Euch vor, die durch mein Buch zu wahren experimentierfreudigen Lichtarbeitern werden, die im Einklang mit Mutter Natur und dem Einhalten des freien Willens – viel Positives für Mutter Erde und allen ihren Bewohnern machen.

Mutter Erde helfen

Dieses Thema beschäftigt mich schon lange und seid ich auf dem geistigen Weg bin - also Anfang der 90er Jahre - bin ich auch bemüht, dieses umzusetzen.

Ich habe schon lange Kontakt zu Naturwesen. Sie helfen mir auch immer redlich, alles zu verwirklichen!

Ein Warntraum vor einiger Zeit geistert mir immer noch heftigst im Kopf herum.

Dort sah ich, dass das Erdöl, welches aus Mutter Erde herausgepumpt - oder soll ich lieber sagen, gewaltsam entwendet - wird, sozusagen das Blut ist, was durch ihre Adern fließt bzw. die ‚Schmiere der Knochen und Gelenke'.

Ich war ganz entsetzt über das, was da geschieht!

Wie kann ich da helfen? Das war mein erster Gedanke!

Bedenkt: Mutter Erde ist auch ein lebendes Individuum!

Mutter Erde hat sich schon lange genug diese Qualen, die man ihr antut, gefallen lassen.

Sie beginnt sich jetzt davon zu befreien.

Zurück zu meinem Traum:

Stellt Euch vor, ihr währet an Stelle von Mutter Erde und winzige, nur unter der größten Lupe erkennbare Wesen, würden Euch das antun, was wir Mutter Erde antun. Würdet Ihr das ewig hinnehmen?

Sie würden in Eurer Nase bohren – was geschieht? Ihr müsstet niesen.

Bei Mutter Erde wäre das ein Erdbeben. So etwa war mein Traum.

Jetzt wollte ich aber konkret helfen! Wenn also das Erdöl das Blut oder die Schmiere der Gelenke von Gaia war, wie können wir ihr helfen, das dieses wieder ins Reine kommt.

Alle Erdölförderanlagen auf einmal abschalten geht nicht, dann gäbe es weltweiten Krieg!

Also musste feinstofflich geholfen werden!

Ich hab's! Das ist die Idee! (würde wahrscheinlich Wickie jetzt sagen, jener Zeichentrickheld aus meiner späteren Jugend).

Nun, warum eigentlich nicht?

Ich weiß, das Experiment, dass ich dann begann, war sehr unwahrscheinlich, für manche vielleicht sogar recht gewagt, aber: Wer nicht wagt, der nicht gewinnt!

Lange Rede – kurzer Sinn!

Ich begann zu experimentieren!

Wie sollte ich Mutter Erde statt dem entzogenen Erdöl jetzt Energie in die ‚Blutbahnen' und ‚Gelenkschmierungen' etc. schicken?

War das mit dem Urteilchen-Strahler möglich?

Ich stelle mir gerade vor, wie ich über dieses Thema auf einer Fach Tagung für Physiker oder auch Wissenschaftler eine Abhandlung halte…

Man würde mich wahrscheinlich für einen ‚esoterischen Weltverbesserer' halten.

Nun, dann sollen sie das tun!

Aber besser ist es doch, dieses über ein Buch zu verbreiten und damit Gleichgesinnte zu erreichen, die dann richtig darauf reagieren. Nur gemeinsam sind wir stark!

Gut, jetzt habe ich lange genug um den ‚heißen Brei' herumgeredet und sage Euch jetzt, wie und was ich gemacht habe:

Jonathan, mein mittlerweile guter und treuer Freund, wurde ins Vertrauen gezogen und gemeinsam tüftelten wir mit Hilfe der geistigen Welt eine Strategie aus, Mutter Erde dort Heilenergie zukommen zu lassen, wo sie sie am meisten braucht!

Erst einmal kam uns die Idee mit Freund Weltatlas.

Man kann so mit der richtigen Programmierung jedem Erdteil die richtige Schwingung schicken.

Also haben wir nicht lange gewartet, sondern gleich begonnen:

Jeder Erdteil bekam ausführlich Heilenergie ins Zentrum von Gaia, speziell über folgende Affirmation:

„Mutter Erde, geliebte Schwester, ich grüße dich. Ich sehe, wie sehr du verletzt und verwundet wurdest und dass man dir zu Unrecht deinen Schmierstoff und Lebenssaft Erdöl absaugte und zusätzlich heftigen Raubbau mit dir trieb. Ich schicke dir jetzt über meinen Freund Jonathan und in enger Verbindung mit der geistigen Welt Hilfe. Wir schicken dir jetzt und später auch im Gebet Heilung für deinen Organismus. Zuerst beginnen wir mit jedem Erdteil und danach kommen alle Meere und die anderen Gewässer dran. Wie weit du es an jeder Stelle fließen lassen möchtest, entscheidest du selber. Wir lassen fließen und du nimmst, was du brauchst, um deinen Organismus wieder zu entgiften, aufzubauen, zu regenerieren und deine verlorenen Energien auf feinstoffliche Art und Weise wieder aufzufüllen. So sei es! Wir lieben dich Gaia, du schöner Planet. Mögest du bald deine Schwingung soweit erhöht haben, dass nur noch Frieden auf und in dir möglich ist. Amen!"

Dieses sagte ich einmal und dann begann ich meine Arbeit mit dem Urteilchen-Strahler am Atlas oder am Globus.

Was soll ich Euch sagen? Jonathan und auch ich wurden durchflutet von heftigen positiven Heilungsenergien.

Mutter Erde bedankte sich und fing langsam an, sich zu regenerieren. Schritt für Schritt!

Je mehr von Euch sich jetzt einklinken und dieses ebenfalls zelebrieren, desto stärker ist der Erholungseffekt unserer Mutter Erde.

Und denkt daran: Was Ihr Gutes tut, kommt vielfach auf Euch zurück. Aber ebenso andersherum...

Deshalb sollte man möglichst nur positive Dinge in seinem Leben tun und es wird ein Leben voller Freude und Harmonie, da man von der geistigen Welt beschützt wird.

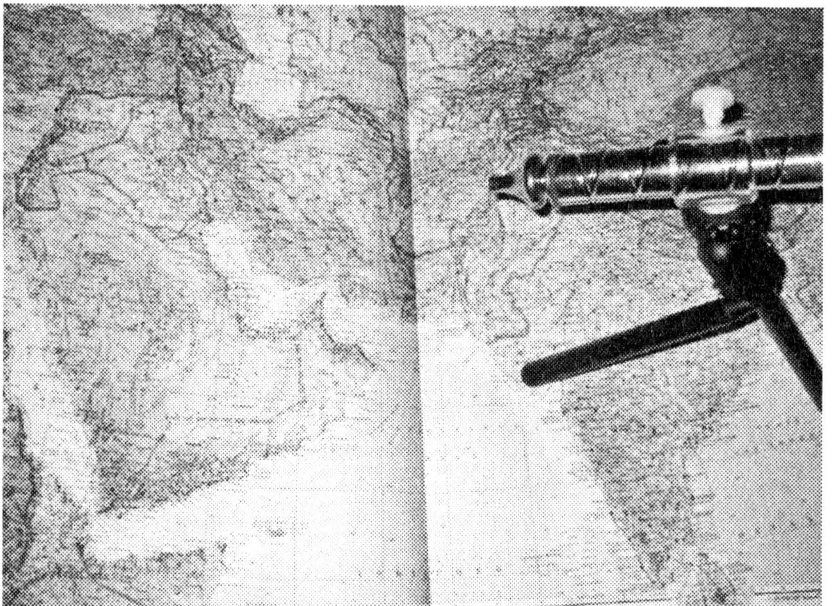

Dieses Bild zeigt, wie der ganze nahe Osten, also die Kriegsgebietsregion der letzten Zeit, Heilenergien vom Urteilchen-Strahler bekommt

Weitere Erläuterungen dazu, im Kapitel ‚Erzengel Michael'. Weitere Anregungen: Regenwald, Meerverseuchung, auch durch Öl, Baumsterben, Atommüll, Bergbau (insbesondere Tagebau wie bei Braunkohle), ebenso all die Kraftwerke (Kohle, Atom), Naturkatastrophen und auch nachfolgende Epidemien, Hungersnöte. Ihr seht, es gibt noch viel zu tun! Packen wir's an!

Behandlung von tief sitzenden Problemen

Dieses Thema ist auch etwas heikel. Wenn Ihr jedoch anderen geholfen habt, ihre Probleme zu lösen, ist es dafür aber umso wunderbarer für Euch selber und natürlich auch für die Personen, denen ihr geholfen habt.

Eine gute Freundin von mir, die ebenfalls seit ihrer Kindheit anders war und schon lange auf dem spirituellen Weg wandelt, rief mich an, ob ich ihr nicht helfen mit ihrer Hüfte könne, welche sie sehr schmerzte.

Zudem hatte, sie sich noch die Schulter ausgekugelt, als sie am Tag zuvor beim Wandern in den Allgäuer Bergen in einem Bachbett unglücklich gestolpert war.

Sie möge gleich am nächsten Tag kommen, sagte ich zu ihr.

Sie erzählte dann, dass sie das Kugelgelenk der Schulter gleich wieder geistesgegenwärtig, aber natürlich unter heftigsten Schmerzen reingedrückt hatte und sich zuhause ein Tapeverband draufmachen ließ.

Da sie Jin Shin Jyutsu Lehrerin ist, gab sie sich sofort Heilenergie dorthin.

Es wurde besser, schmerzte aber noch sehr und das Armgelenk ließ sich noch nicht richtig bewegen.

Ich zeigte ihr den Urteilchen-Strahler und begann ihr über Jonathan, dem ich nichts mehr sagen musste, da er ja alles mitgehört hatte, Heilenergien zu geben.

Eine Stunde bekam sie Heilenergien.

Danach ging es ihr schon deutlich besser!

Auch ihre Hüfte bekam über Jonathan Heilenergien und es ging schon viel besser danach.

Ich fragte nach, was die Auslöser dafür waren und erfuhr von der geistigen Welt, dass es ungelöste Dinge und alte Muster von früher waren, die danach förmlich riefen, aufgelöst zu werden!

Jonathan löste diese Muster mit der Erlaubnis der guten Freundin und half ihr, sich zu regenerieren.

Jetzt ist dieser Vorfall schon einige Zeit her und ihr geht es wieder gut. Sie versucht wieder guten Mutes, bei jedem Berg im Allgäu und im Berchtesgadener Land, der, auch ohne kraxeln zu müssen, zu Fuß erwanderbar ist, den Gipfel zu erreichen.

Sie beherzigte aber auch die Warnung der geistigen Welt, keine unnötigen Risiken einzugehen, sich immer gut zu schützen und in weißgoldenes Christuslicht einzuhüllen.

So, werdet Ihr Euch sicherlich fragen:

Wie löst der Urteilchen-Strahler alte, ungelöste Dinge und festgefahrene Strukturen und Muster.

Nun, eigentlich sollte es kein altes Karma mehr geben, wurde mir gesagt. Aber wer an den alten Mustern und Glaubenssätzen festhält, kommen diese alten Dinge natürlich zum Tragen.

Es ist jetzt, in dieser immer feinstofflicher werden Zeit und Schwingung immens wichtig, allen alten Ballast von sich zu werfen, ähnlich wie ein Ballonfahrer, der Ballast in Form von Sandsäcken abwerfen muss, um höher hinauf zu gelangen und um in lichtere Höhen zu kommen. So muss man sich es auch mit unserem Körper vorstellen. Wenn wir lichter und feinstofflicher werden wollen, müssen wir allen alten Ballast, alle Probleme, Sorgen, Verwicklungen, Flüche etc., liebevoll loslassen.

Das ist gar nicht so schwer und unser Freund, der Urteilchen-Strahler hilft uns dabei in Verbindung mit der geistigen Welt.

Zuerst einmal sollten wir in uns fühlen und wir sollten schauen und prüfen, was noch da ist, was aufgeräumt werden will.

Bestimmt fällt jedem etwas ein, wenn er nur ehrlich zu sich selber ist:

Ist da nicht noch eine unerledigte Sache mit Kollege XY oder ist man nicht doch noch sauer auf den Bruder, weil er einen mal beleidigt hat. Ist da nicht noch irgendetwas, das vom Ego, als noch immer ‚unerledigte Post' irgendwo in einer Schublade ganz tief im Innern abgelegt wurde?

Seid ehrlich zu Euch selbst: Es gibt bestimmt etwas. Dieses ‚Etwas' lässt sich jetzt liebevoll wandeln!

Es ist nicht schwierig!

Ihr braucht dazu nur ein wenig Mut, Entschlossenheit und Gottvertrauen!

Also: Ihr nehmt Euren Urteilchen-Strahler, richtet ihn auf Euch und sagt dazu beispielsweise folgenden Satz: „Ich bitte XY um Vergebung für alles, was ich ihm angetan habe (bzw. was er mir angetan hat) und bitte Gott Vater (oder die geistige Welt) um Hilfe beim Loslassen."

Der Urteilchen-Strahler, in Verbindung mit der geistigen Welt, hilft Euch jetzt beim Loslassen und Umwandeln.

Ich sage dann immer noch: „Ich schicke jetzt XY viel Heilungsenergie und wünsche ihm/ihr das Allerbeste."

Bedenkt immer, dass alles Positive, das ihr anderen Menschen von Herzen schickt, als ebenfalls positive Energie zu Euch zurückkommt.

Im Negativfallfall gilt das natürlich auch, aber wir reden ja hier nur über Positives! Übrigens kann der Urteilchen-Strahler nur positive Dinge verrichten. Wusstet Ihr ja schon?

Solltet Ihr nicht wissen, was noch an oder in Euch ist, an Euch klammert, Euch Energie raubt oder Euch beeinflusst, keine Angst: Ohne dass Ihr es wisst, könnt Ihr folgendes machen:

Ihr geht mit dem Urteilchen-Strahler langsam durch Eure Aura über den ganzen Körper. Dort, wo Ihr ein unangenehmes Gefühl spürt, ist noch etwas zu Wandeln. Diese Übung geht auch mit dem ORa-Orgon-Strahler, nur ist sie mit dem Urteilchen-Strahler stärker und, wenn Ihr ihn darum bittet, wandelt er diese Energien automatisch um. Beim ORa-Orgon-Strahler ist das etwas aufwendiger.

Wenn ihr dieses regelmäßig macht, werdet ihr sehen, wie sich Euer Leben zum Positiven hin verbessert!

Interessant ist dieses bei Rauchern: Ein guter Freund von mir ist Raucher. Ich habe ihn gereinigt. Die zwei Wesen, die an seiner Aura hingen und ihn quasi zum Rauchen zwangen, hatten natürlich fleißig mitgeraucht.

Nachdem die beiden Wesen über eine Lichtsäule, die ich zur geistigen Welt hin errichtet hatte, ins Licht geführt worden waren, fühlte er sich zuerst erleichtert.

Der Druck, Rauchen zu müssen, war weg. Eine Zeitlang brauchte er auch nicht mehr rauchen. Aber dann kam der berufliche Stress! Irgendwie schaffte er es nicht, den Schutz, den ich um seine Aura legte, aufrecht zu erhalten. Er vergaß vor lauter

Stress, sich regelmäßig zu schützen und weißgoldenes Christuslicht durch seinen Körper fließen zu lassen. Und was passierte?

Prompt ‚dockten' wieder zwei Wesenheiten an, die ihn wieder zum Rauchen verleiteten.

Wichtig ist hierbei auch die Tatsache, wie willenstark oder labil eine Person ist. Mein guter Freund ist äußerst gutmütig und hilft jedem, wo er kann. Dementsprechend ist er auch nicht ganz so willensstark, was das Rauchen aufhören betrifft.

Stress ist für ihn Gift und so hat er in seinem Stressberuf viel geraucht.

Er bat um Hilfe und die geistige Welt half ihm jetzt, einen anderen, einen stressfreien Beruf zu bekommen und in die Nähe des Bodensees in ein ruhiges, beschauliches Örtchen zu ziehen.

Die Wesenheiten, die jetzt noch mitrauchen, möchte er erst kurz vor Weihnachten loswerden: Dann könne er aufhören zu rauchen, sagte er. Nun, ich respektiere natürlich seinen Wunsch und helfe ihm auch ein zweites Mal, die ‚Mitraucher Wesenheiten' ins Licht zu schicken und zwar mit Hilfe des Urteilchen-Strahlers.

Ich habe bewusst das Thema „Rauchen" so intensiv erklärt, damit man sieht, dass es oftmals nicht ausreicht, die Wesen, die einem anhängen, ins Licht zu schicken. Man muss seine Lebenseinstellung ändern und sich vor allem schützen – insbesondere gegen diese ‚Energievampire', wie ich sie nenne, die nur an einem hängen und die Lebensenergie absaugen.

Hier noch einmal meine erweiterte Methode, mich zu schützen. Sie ist langjährig erprobt und vielen Menschen hab ich sie schon mit auf den Weg geben können:

„Weißgoldenes Jesus-Christuslicht durchflutet meinen Körper, hülle ihn ein, schütze und reinige ihn. Ich bitte auch darum, dass meine Aura geschützt und gereinigt wird. Weiterhin bitte ich darum, dass alle meine Chakren soweit geöffnet sind, wie es für mich gut ist und dass nur die Energien zu mir durchgelassen werden, die gut für mich sind. Danke Vater, Amen! Amen! Amen!"

Ihr glaubt gar nicht, wie stark sie ist! Jeden Morgen und Abend gesprochen ist es einfach wunderbar!

Wenn Ihr Euch einmal aufgeregt, geärgert oder andere negative Dinge gesagt oder nur gedacht habt, solltet Ihr Euren Lichtschutz sofort erneuern!

Bevor ich zu größeren Veranstaltungen, durch die Fußgängerzone oder in ein Warenhaus gehe, hülle ich mich immer vorher ein.

Besonders krass sind Geschäfte, die Handys in ihrem Sortiment haben und wenn diese auch noch alle angeschaltet sind. Ohne Lichtschutz seid Ihr dem Elektrosmog hilflos ausgeliefert.

Jetzt kommen wir zum Auflösen von Flüchen, Verwünschungen, Eiden, Gelübden, Schwüren etc.

Bevor ich den Urteilchen-Strahler hatte, habe ich es mit meiner eigenen Technik gemacht:

Die Person, die zu mir kam, um ihr dabei zu helfen, setzte ich auf einen Stuhl. Gegenüber wurde ein leerer Stuhl gestellt. Jetzt wurde auf den leeren Stuhl die Person im Geiste gesetzt, mit der es noch etwas aufzulösen gab.

Jetzt stellte sich die betroffene Person vor, wie sie über das Herz-Chakra mit der anderen Person (wegen z.B. einem Fluch) verbunden war. Dann hob sie den rechten Arm und kappte diese Verbindungsschnur mit den Worten: „Ich lasse los!"

Ich schaute dann geistig nach, ob das schon reichte. Manchmal musste man mehrere Male diese Prozedur machen, bis alle alten Dinge gekappt und gelöst waren.

Vorher war es aber notwendig, dass man beim lieben Gott darum bat, diese alten Schwüre etc. lösen zu dürfen.

Jetzt mit dem Urteilchen-Strahler ist diese Arbeit erheblich vereinfacht worden:

Ich richte den Urteilchen-Strahler auf mich und bitte um Auflösung und gleichzeitige Transformation alter Eide, Flüche, Schwüre, Verwünschungen etc.

Ich mache es so: „Lieber Gott, ich bitte dich, dass ich jetzt über Jonathan und in Verbindung mit der geistigen Welt, alle alten Schwüre, Eide, Flüche, Verwünschungen und was sonst noch Negatives auf mir oder meiner Seele lastet bzw. ihr anhängt, jetzt loslassen und trennen und sie liebevoll ins Licht zur Umwandlung schicken darf, Amen!"

Glaubt mir, wenn Ihr es von Herzen möchtet und darum bittet, dann klappt es auch!

Danach fühlt man sich oft, als wäre einem der sprichwörtliche Stein vom Herzen gefallen.

Wie heißt es so schön: „Bittet und es wird Euch gegeben werden."

Diese Arbeit solltet Ihr zuerst einmal mit Euch selber machen. Danach könnt Ihr ja Euren Partner, Eure Kinder, Tiere, Verwandte und Freunde mit einbeziehen.

Und erst, wenn Ihr Euch ganz sicher seid und mit den Energien des Urteilchen-Strahlers völlig vertraut seid, erst dann solltet Ihr es auch bei anderen Personen probieren. Aber geht kein Risiko ein. Solltet Ihr unsicher sein, lasst es bei anderen lieber erstmal sein. Ihr könnt nichts verkehrt machen, wenn Euch jemand um Hilfe bittet und ihr ihm über ein Foto, beispielsweise Heilungsenergie schickt.

Löschen von anhaftenden Energien

Da ich sehr oft zu diesem Thema befragt werde, widme ich mich ihm in diesem Kapitel darum etwas ausführlicher.

Es ist doch oft so:

Man bekommt etwas geschenkt oder vererbt, aber so richtig freuen kann man sich darüber nicht.

Woran liegt das denn bloß?

Ganz einfach: Es hängen meistens verschiedene Energien an diesen Stücken, die voller Emotionen, Wut, Freude oder anderen Dingen sind.

Klar, dass Ihr Euch dann nicht so richtig damit wohl fühlt, weil diese Fremdenergien daran im wahrsten Sinne des Wortes hängen oder kleben.

Doch damit ist jetzt Schluss!

Wir haben doch unseren Urteilchen-Strahler, in meinem Fall Freund Jonathan.

Ich habe dazu noch etwas rumgetüftelt und vom ORa-Orgon-Strahler ein Accessoire ausgeborgt. Schaut einfach aufs Foto, dann wisst Ihr, was ich meine.

Urteilchen-Strahler mit angesteckter Energie-Birne

Sie heißt Energie-Birne. Jetzt kann ich punktieren nach Lust und Laune.

Wunderbar! Aus der alten Kette von Großmutter ihre Energien rausziehen oder das alte Sofa vom Onkel liebevoll behandeln.

Ich gehe dabei wie folgt vor:

Ich setze den ‚Punktierer', wie ich ihn nenne, an die schwarze Seite vom Urteilchen-Strahler.

Jetzt ziehe ich sämtliche Energie aus der Kette von Großmutter heraus und transformiere sie ins Licht.

Hinterher stecke ich den ‚Punktierer' um und schicke punktgenau die Energie in die Kette, die ich möchte, beispielsweise ‚tiefer innerer Frieden'.

Jedes Mal, wenn sie jetzt getragen wird, bekommt die Trägerin tiefen inneren Frieden. Ist doch einfach wunderbar, wie ich finde! Bei dem alten Sofa, um auch noch das zweite Beispiel zu erklären, ist es ähnlich einfach, die alten Energien herauszuziehen.

Ich stecke den ‚Punktierer' jetzt nur auf, wenn ich hartnäckige Energien zum Lösen hätte, sonst reicht die schwarze Seite des Urteilchen-Strahlers und alle alten Energien schicke ich ins Licht mit den Worten: „Jonathan hilf mir bitte alle alten Energien aus dem Sofa zu ziehen, damit es wieder wie unbenutzt wird, energetisch gesehen."

Und so wird es dann auch!

Hinterher kann ich ja folgende positiven Affirmationen hinein geben, wie z. B.:

„Jonathan, hilf mir, dass jeder, der sich auf dieses Sofa setzt, sich rundum wohl fühlt, da diese Wohlfühlschwingungen jetzt in das Sofa gestrahlt werden. Und ich bitte dich auch darum, sanfte Heilenergien in das Sofa zu geben, welche die körperlichen Anspannungen des Tages sofort liebevoll bearbeiten und ins Licht schicken. Ich bitte dich Jonathan, jeden dieser Prozesse sofort zu erkennen und automatisch zu unterstützen."

Aha, wird der eine oder andere sagen. Ob das wohl geht?

Freilich geht das! Jonathan in meinem Fall oder in Eurem Fall Euer Urteilchen-Strahler ist so intelligent und schwingungsmäßig hoch entwickelt, dass er so was zum einen kann und zum anderen auch macht, wenn man ihn darum bittet!

Ihr könnt ja auch über ein Foto jemandem Heilenergien schicken. Stößt Ihr Euch dann beispielsweise an der Türkante den Fuß an, braucht Ihr jetzt nicht extra den Urteilchen-Strahler holen, sondern aus meiner Sicht gesehen, könnte ich ihm jetzt zurufen: „Jonathan, schick mir bitte Heilungsenergie für meinen Fuß, bitte!" und er macht es und gibt weiterhin über das Foto der anderen Person Heilenergie.

Ja, der gute Urteilchen-Strahler ist ein wahrer Tausendsassa!

Das sind jetzt jedoch schon Dinge, die der ORa-Orgon-Strahler noch nicht beherrscht. Den müsste man jedes Mal zur Hand nehmen und die Stellen schon vor Ort behandeln.

Jetzt wo ich dieses gerade zu Papier bringe, regnet es draußen. Aber es ist ein natürlicher Regen!

Jonathan bat ich, den Himmel zu prüfen, ob alles so in Ordnung ist. Falls nein, sollte er es mit Hilfe der geistigen Welt richten.

Da es aber so weiterregnet wie zuvor und die Schwingung gleich geblieben ist, stufe ich das Wetter als „normal" ein, also so beabsichtigt.

Denkt immer daran: Ihr dürft um gottgewolltes, natürliches Wetter bitten und Euer Urteilchen-Strahler hilft Euch in Verbindung mit der geistigen Welt!

Nur die Natur verändern und mit ihr rumpfuschen dürft Ihr nicht! Aber keine Sorge: Der Urteilchen-Strahler hilft nur, Dinge ins Positive zu verändern!

Heilen von Narben

Dieses Thema betraf mich auch einmal.

Narben hat wahrscheinlich jeder Mensch schon irgendwann einmal bekommen.

Als kleiner Bub verletzte ich mich einmal an der Hand und habe dort immer noch eine kleine Narbe.

Nun, da ist jetzt der Urteilchen-Strahler in Verbindung mit dem ‚Punktierer' gefragt.

Jetzt kann ich schön langsam zielgenau über die Narbe gehen und sie so entstören.

Ich sagte zu Jonathan: “Ich entstöre dich (damit meinte ich die Narbe) im Namen des Vaters, des Sohnes und des heiligen Geistes, Amen!“

Danach ging ich einige Male über die Narbe.

Ich spürte sofort, dass sich energetisch etwas änderte!

Ich bat noch darum, dass alle Meridiane wieder normal sind und der ganze Körper einwandfrei arbeitet.

Jetzt zu dem Thema schwer heilende oder gar nicht heilende Wunden.

Ich habe eine liebe Freundin, die damit Probleme hatte.

Schnell fand ich die Ursache: Sie hatte ihrem Ex-Mann noch nicht verziehen, was er ihr angetan hatte.

Ich erklärte ihr, dass wenn sie ihm das vergeben würde, die körperliche Blockade gelöst sei und die Wunde zuheilen könnte.

Sie machte die Loslösaffirmationen dazu.

„Ich vergebe dir alles, was du mir angetan hast und lasse liebevoll los.“

Danach ging ich über die Stelle im Gesicht, die nicht zuheilen wollte. Es hatte sich nach der Affirmation schon vieles getan. Jetzt mit Hilfe von Jonathan verstärkte sich der Heilungsprozess. Die Stelle heilte innerhalb von 14 Tagen zu. Eine winzige Narbe ist geblieben, die jetzt auch liebevoll behandelt wird und sicherlich bald verschwindet. Energetisch ist sie längst entstört.

Wenn Ihr die Ursache für die Auslösersituation der schlecht oder gar nicht zuheilenden Wunde nicht wisst, dann bittet im Gebet an den lieben Gott darum.

Bittet ihn darum, dass jetzt alles Alte, was den Heilungsprozess verhindert, gelöst werden darf. Danach arbeitet mit Eurem

Urteilchen-Strahler direkt an der Wunde. Wenn Ihr in Demut und vollem Vertrauen unserem Schöpfer gegenüber betet und bittet, so wie ich gerade sagte, werdet Ihr feststellen, dass Heilung stattfindet. Euer Urteilchen-Strahler unterstützt dieses natürlich noch stark.

Heilen von Störungen im Mutterleib

Die Ursachen vieler Probleme und Blockaden liegen nicht unbedingt in früheren Leben, sondern stammen oft nur aus Eurer frühesten Kindheit, genau genommen aus der Zeit, wo Ihr wohlbehütet im Bauch Eurer Mutter wart.

„Wie kommt das?“, werden sicherlich einige von Euch fragen.

Nun, das ist so:

Wir sind während der ganzen Schwangerschaft über mit unser Mutter verbunden. Wir werden durch sie ernährt und spüren und fühlen mit ihr.

Ist sie gestresst, fühlen wir es; ist sie ruhig und liebevoll merken wir das ebenso.

Passiert aber während der Schwangerschaft eine Schock-Situation, so bekommen wir es natürlich auch mit.

Und zwar sehr stark und intensiv!

Viele Ängste und Phobien stammen aus unserer Zeit im Mutterleib.

Hat die Mutter beispielsweise vor etwas sehr große Angst, so kann es sich auch auf das Kind übertragen.

Ich habe eine Patientin, welche in der Schwangerschaft bis sechs Wochen vor der Entbindung in einem stressigen Beruf gearbeitet hat und immer rastlos und ruhelos in dieser Zeit war. Weiterhin starben ihr Vater und ihr Schwiegervater in dieser Zeit. Beide etwa sechs bis acht Wochen vor der Entbindung. Dass der Sohn, der dann auf die Welt kam, dies alles nicht schockfrei überwunden hatte, ist nachzuvollziehen.

Er ist jetzt erwachsen, rastlos, ruhelos und hat Angst, einen Menschen zu verlieren. Das ist das Trauma des schmerzhaften Verlustes beider Opas während der Schwangerzeit, da seine Mutter dieses beim Vater bis heute nicht ganz überwunden hat.

Ich konnte sowohl der Mutter, als auch dem Sohn helfen. Durch die Arbeit mit dem Urteilchen-Strahler konnte ich meine angefangene Arbeit intensivieren und vertiefen.

Ich mache es wie folgt:

Ich bitte (in dem Fall die Mutter) sich auf die Behandlungsliege zu legen und sich völlig zu entspannen.

Dann bitte ich sie, in Gedanken noch einmal zur Schwangerschaft zurück zu gehen und sich eine Situation zu suchen, in der sie besonders viel Hektik und Stress hatte.

Dann sage ich ihr, sie sollte diese Situation sozusagen in ihrer Erinnerung als Bild festzuhalten.

Jetzt setze ich den Urteilchen-Strahler auf ihre Stirn, dorthin wo das dritte Auge ist und sage: „Jonathan, hilf XY diese seelische Stressblockade zu lösen, danke schön, Amen!"

Und danach mache ich das Gleiche mit dem Schmerz über den Verlust des Vaters. Ich spüre, wie der Vater anwesend ist (energetisch) und lächelt und sich freut, da er darunter auch sehr leidet.

Mit dem Sohn ging ich wie folgt vor: Ich sagte ihm, er sollte sich vorzustellen, wie er noch im Mutterleib der Mama war. Dann bat ich Jonathan, zu der Stelle zu gehen, die während der Schwangerschaft diese Situationen ausgelöst hatten, um diese Stresssituationen umzuwandeln.

Das ist ein sehr heikles und schwieriges Thema, deshalb sollten es nur Therapeuten oder besonders feinfühlige Menschen machen.

Jedenfalls hat der Sohn jetzt eine andere Sichtweise der Dinge bekommen. Seine Rast und Ruhelosigkeit wurde dahin gehend gewandelt, dass jetzt nur noch seine eigene Unruhe vorhanden ist. Die von der Mutter übernommene wurde gelöscht. Somit ist er wieder in seinem normalen Lebensplan.

Konnte er früher nicht fünf Minuten ruhig sitzen, war immer auf dem Sprung und wollte wieder weiter zu, ist er jetzt ruhig und macht das, was ihm Freude bereitet, beispielsweise in Ruhe und Frieden ein Fußballspiel schauen. Das wäre früher undenkbar gewesen.

Ich könnte noch viele weitere Fälle aufzählen, aber ich denke dieser eine reicht, um zu verdeutlichen, was ich damit meine.

Fast jeder von uns hat schwangerschaftsbedingte Situationen noch aufzuarbeiten, wenn er diese nicht schon erfolgreich bearbeitet hat.

Bittet im Gebet darum und geht danach mit dem Urteilchen-Strahler über Euren Körper. Wo es jetzt unangenehm wird, ist noch etwas aufzulösen.

Sprecht beispielsweise mit Eurer Mutter, Eurem Vater, Geschwistern oder Großeltern über das Thema. Vielleicht wissen diese, die eine oder andere Situation Eurer Mutter, wo ein tief sitzendes (auch schockähnliches) Erlebnis stattfand.

Es lohnt sich wirklich, diese Dinge zu lösen. Euer Leben wird viel freier und leichter!

Findet ihr nichts über eure Verwandtschaft, spürt aber, dass noch etwas gelöst werden müsste, dann bittet den lieben Gott, dass Ihr es lösen dürft. Haltet den Urteilchen-Strahler auf Euch und bittet um Wandlung dieser Probleme, Sorgen, Blockaden – was es auch immer ist.

Euer Urteilchen-Strahler ist Euer Freund. Er hilft Euch dabei.

Sehr zur Freude und mit Hilfe der geistigen Welt!

Übrigens: Unfälle und Schocksituationen oder nicht verarbeitete Dinge könnt Ihr quasi auf die gleiche Art und Weise lösen!

Nicht verdrängen – sondern lösen!

Das ist die ‚Zauberformel' für ein gesundes, harmonisches und friedvolles Leben!

Unterstützung beim Abnehmen

Jetzt kommt ein Thema, das mich eigentlich erst seit einem Jahr interessiert: die Gewichtsabnahme.

Ich gehöre zu den Menschen, die ein normales Gewicht haben.

Ich muss dazu sagen, dass ich mir als Kind mir immer einsuggerierte, dass ich niemals dick werden würde. So ist es auch bis zum heutigen Tag geblieben und so wird es auch bleiben, denke ich.

Jetzt zu dem Auslöser des Themas:

In meinem Bekanntenkreis sind einige Frauen, die an Übergewicht leiden. Sie fragten mich, ob ich ihnen helfen könne.

Zuerst sagte ich ihnen, dass die meisten ‚Rettungsringe' um die Hüften seelische Probleme sind. Alle drei bejahten dies.

Ich riet ihnen, denjenigen zu verzeihen. Sie taten es, aber viel Gewicht kam nicht runter.

Es musste also noch einen oder mehrere andere Gründe dafür geben, dass sie nicht abnahmen.

Da ich Tüftler bin, war mein Interesse geweckt:

Ich unterhielt mich mit Menschen, die es geschafft hatten, abzunehmen.

Oh je, es waren verschiedene Gründe gewesen.

Einige hatten ihre Ernährung umgestellt, konsequent weißen Zucker und Weißmehl Produkte wie Semmeln und Baguettes etc. weggelassen; andere hatten mehr Sport getrieben, wieder andere einen neuen Partner gefunden.

Sollte es so viele Möglichkeiten geben?

Ich wollte dahinter kommen.

Dann kam Jonathan in mein Leben und half mir bei der Lösung. Auch wenn ich sagen muss, dass es nicht die einzige sein muss, ist es auf jeden Fall eine.

Ich riet in jedem Fall allen Betroffenen zuerst einmal aufzuschreiben, was sie glücklich und was sie unglücklich macht.

Dann bat ich die Frauen mir aufzuschreiben, wie sie sich ernährten und zu welcher Uhrzeit sie ihre Mahlzeiten zu sich nahmen.

Und jetzt kommt der springende Punkt: Wie viel sie täglich trinken und vor allem was und wann!

Das war die wichtigste Frage: Von der Trinkmenge ist alles abhängig!

Jede Tasse Kaffee sollte mit vier (!) Tassen Wasser ohne Kohlensäure ausgeglichen werden.

Die meisten Schlacken und Ansammlungen im Körper sind Wasseransammlungen!

Dieses Wasser sollte aber schleunigst aus dem Körper heraus!

Entschlackungstees helfen hervorragend.

Darmreinigung ist auch wichtig, aber das Wichtigste ist viel reines Wasser trinken (2-5 l am Tag, je nach Arbeit und Jahreszeit).

Jetzt in diesem Brutsommer brauchte man natürlich mehr Wasser als im Winter, wenn man nur still im Kämmerlein sitzt und in Ruhe ein Buch liest.

Jedenfalls war das die Hauptinformation in Verbindung mit Verzeih- und Loslassaffirmationen, die ich ja schon mehrfach erklärt habe.

Doch jetzt kommt die Neuigkeit und damit der Urteilchen-Strahler ins Spiel:

Ich merkte es beim Experimentieren eher ‚zufällig'. Es gibt aber ja bekanntlich keinen Zufall, denn das Wort „Zufall" bedeutet doch, dass einem etwas ‚zufällt'. Dementsprechend ist es also beabsichtigt. Deswegen begann ich gleich zu experimentieren.

Ich hatte Jonathan mehr aus Langeweile mit der schwarzen Seite an meinen Bauch gehalten. Ich habe zwar keinen Waschbrettbauch voller Muskeln, aber er ist gerade runter ohne Röllchen. Plötzlich spürte ich etwas!

Was war denn das?

War da was drin, was ich nicht kannte? Ich wurde neugierig und aufgeregt!

Ich ließ ihn drauf und harrte der Dinge, die da folgen sollten: Erst wurde es kalt und ließ mich leicht frösteln und dann wurde es warm.

Was war geschehen? Hatte ich im Bauchbereich eine Blockade gehabt, von der ich nichts wusste und wurde diese gerade von Jonathan transformiert?

Ich sprach Jonathan an.

„Habe ich dort etwa Blockaden oder Übergewicht oder sonst was?“

Ich bekam die Antwort im Kopf.

„Kein Übergewicht aber noch einiges zum Transformieren.“

Ich fragte weiter.

„Ist das die Lösung zum Abnehmen?“

Er antwortete mit ja.

Die erste Versuchsperson musste kommen.

Sie hielt den Urteilchen-Strahler mit der schwarzen Seite direkt auf ihr Sweat-Shirt über dem Bauch, welcher Röllchen warf.

„Spürst du was?“ fragte ich sie.

Sie erzählte mir die gleichen Symptome, die ich auch gespürt hatte, nur viel heftiger und länger.

Jetzt bat ich Jonathan ihr zu helfen, dass sie überschüssiges Fett und überflüssigen Ballast loslassen konnte: Entweder direkt durch feinstoffliche Umwandlung, durch Abfluss über den Urin oder durch Abgang über den Stuhl.

Ich muss vorweg sagen, dass ich vorher erst alle Loslass- und Verzeihübungen mit ihr gemacht hatte und alle Flüche,

Verwünschungen etc., was noch auf ihr hätten liegen können, gelöst hatte und dann ging es erst los.

Diese Maßnahme ist in soweit wichtig, weil diese alten Dinge und Strukturen hinderlich sein können beim Loslassen.

Auch sagte ich ihr, dass positive Affirmationen das ganze noch unterstützen.

Ich lasse los.

Ich lasse jetzt jedes überflüssige Pfund an meinem Körper los, was nicht zu mir gehört.

Ich bin glücklich und liebe mein Leben.

Ich bin in Frieden mit mir selbst.

Ich liebe meinen Körper.

Ich liebe mich, so wie ich bin.

Ich kann mich im Spiegel ansehen und liebe mich.

Ich vergebe mir alles, was ich mir angetan habe.

Ich vergebe allen, die mir etwas angetan haben.

Ich bitte alle um Vergebung, denen ich etwas angetan habe.

Ich lasse alles Überflüssige los.

So ist es und sei es – Amen! Amen! Amen!

Die Übungen mit dem Urteilchen-Strahler braucht man eigentlich nur einmal richtig zu machen, dann setzt er einen Prozess in Gang, der alles ins Reine bringt, solange man sich natürlich an gewisse ‚Spielregeln' hält.

Will ich abnehmen und futtere jeden Abend eine Packung Eis oder Chips, ist es natürlich schwierig.

Man sollte seine Essgewohnheiten ändern. Sich gesund und möglichst biologisch ernähren.

Viel Wasser ohne Kohlensäure trinken. Viel an der frischen Luft sich aufhalten. Regelmäßig spazieren gehen – Nordic Walking ist dabei sehr zu empfehlen. Fahrradfahren und Schwimmen gehen sind auch gut.

Empfehlen kann ich auch die Chi-Maschine (Beinwackler). Ich besitze dieses Wunderwerk seit es auf den Markt kam und es hilft ganz vorzüglich zu entschlacken und zu entgiften. Nur vorher und hinterher reichlich Wasser trinken, damit die Schlacken abwandern können.

Das Trampolin (Mini-Trampolin) kann ich sehr empfehlen. Nur nicht diese billigen harten Dinger, wie sie manche Supermärkte jetzt schon für wenig Geld verkaufen.

Der Körper sollte richtig schwingen, nicht springen oder hüpfen.

Richard Weigerstorfer hat so eins entwickelt und dieses ist wunderbar!

Jetzt kommt die wichtigste Übung mit dem Urteilchen-Strahler zum Abnehmen, nachdem die oben genannten Vorübungen gemacht wurden.

Bittet ihn, Euch zu zeigen, wo Ihr ihn am besten zum Abnehmen am Körper platzieren könnt.

Dann sprecht Ihr mit ihm und sagt beispielsweise: „Urteilchen-Strahler, hilf mir bitte, so weit loszulassen, dass mein Körper abnimmt und dass ich mein ideales Wohlfühlgewicht bekomme. Hilf meinem Körper alle Schlacken, die sich angesammelt haben, loszulassen und alle Blockaden und Wasseransammlungen aufzulösen und liebevoll aus meinem Körper auszuleiten. Mache es bitte ab sofort solange, bis mein Körper sein Wohlfühlgewicht erreicht hat. Dann bitte ich dich ab sofort, meinem Körper zu helfen, dass er erkennt, wo die natürliche Essbremse ist und er dann auch keinen weiteren Appetit mehr hat.

Ich liebe dich und meinen Körper und danke dir und der geistigen Welt für die Hilfe. Danke Gott Vater. Amen! Amen! Amen! So sei es!“

Wenn Ihr Euch an all diese Regeln gehalten habt, werdet Ihr feststellen, dass sich Eure Essgewohnheiten umstellen, Ihr regelmäßiger kleinere Mengen esst und nach und nach die Schlacken und Einlagerungen verliert.

Erwartet keine Wunder vom Tempo her. Der Körper verliert jetzt auf natürliche Weise seine überflüssigen Einlagerungen, stressfrei und in absoluter, friedlicher Harmonie.

Ich möchte noch etwas zur natürlichen Essbremse sagen.

Dann sagt Euch Euer Körper, dass Ihr satt seid und genügend gegessen habt.

Meine natürliche Essbremse funktioniert mittlerweile so gut, dass ich sofort mit dem Essen aufhöre, wenn ich sie spüre. Und wenn nur noch ein Löffel voll auf dem Teller ist.

Ich höre auf mein Inneres, denn das weiß am Besten, was gut für mich ist.

Ich habe diese natürliche Essbremse auch erst wieder erlernen dürfen.

Am 01.01.2000 wurde mir gesagt, dass ich den Lichtnahrungsprozess nach Jasmuheen machen durfte, wenn ich das wünsche.

Ich hatte 1997 meinem Geistführer gesagt, er solle mich daran erinnern, dieses zu machen, wenn der richtige Zeitpunkt käme.

Ich begann am 02.01.2000 dann auch ganz spontan damit und verschenkte alle Lebensmittel, die ich noch hatte.

Ich war nach dem Lichtnahrungsprozess etwa 18 Monate auf Lichtnahrung bis eine seelische Stresssituation mich zwang, damit aufzuhören.

Ich habe über den gesamten Lichtnahrungsprozess Aufzeichnungen und sollte ein Bedarf an einem Buch darüber bestehen, werde ich gerne dieses zu Papier bringen.

Jedenfalls habe ich nach dem Lichtnahrungsprozess meine natürliche Essbremse wieder gefunden.

Dieses kann man auch mit dem Urteilchen-Strahler unterstützen. Sagt ihm einfach: „Bitte hilf mir, meine natürliche Essbremse zu aktivieren." Dann macht er es.

Vita Biosa oder EM zur Darmreinigung kann ich nur wärmstens empfehlen.

Es gibt zwei Möglichkeiten Geld zu sparen:

Stellt die Flasche mit Vita Biosa oder EM auf die Wabe, die mit dem ORa-Orgon-Strahler oder Urteilchen-Strahler verbunden ist und strahlt es Euch ein.

Mit dem Urteilchen-Strahler geht es aber noch einfacher.

Haltet ihn an Euch und sagt ihm liebevoll: „Bitte strahle mir doch die reinste Essenz von Vita Biosa ein", und er macht es feinstofflich.

Das geht mit vielen Dingen so.

Da ich im Bekanntenkreis und auch von meinen Patienten schon oft darüber gefragt wurde, möchte ich das nächste Kapitel dafür verwenden. Ich werde erklären, was man und wie man richtig einstrahlen kann.

Richtiges Einstrahlen

Ja, das ist eigentlich fast mein Lieblingsthema in diesem Buch!

Es macht so richtig Spaß!

Zuerst erkläre ich Euch, wie es mit der Wabe geht. Dann könnt Ihr alles mit dem Urteilchen-Strahler und dem ORa-Orgon-Strahler machen.

Danach erkläre ich noch die Feinheiten mit dem Urteilchen-Strahler. Einige werden sich wundern, was ich da bereits für Möglichkeiten ausgetüftelt habe.

Also los geht's:

Zuerst wird die Wabe mit dem jeweiligen Strahler verbunden.

Dann kann man sowohl beim ORa-Orgon-Strahler als auch beim Urteilchen-Strahler einiges in oder auf die Wabe geben.

Dabei sind Euch keine Grenzen gesetzt.

Früher habe ich gerne mit Affirmationen gearbeitet, die ich auf Zettel schrieb. Ich rollte sie dünn ein und steckte sie in ein Loch der Wabe. Klappt wunderbar!

Die Transmitter, die Richard Weigerstorfer hergestellt hat und die jetzt durch Module erweitert wurden, sind ebenso wundervolle Hilfen!

Aber Ihr könnt auch einfach Eure Bachblüten Fläschchen, Schüssler Salze, anderen Heilsubstanzen etc. auf die Wabe legen und Euch oder andere Menschen (auch über ein Foto) bestrahlen.

Das spart zum einen Geld und Zeit und zum anderen macht es kreativ, erfinderisch und unabhängig.

Doch jetzt komme ich zur Neuigkeit, ja fasst schon Sensation:

Ich erkläre Euch einige Dinge, die Ihr Euch und anderen durch super leichte Technik einstrahlen könnt.

Der Urteilchen-Strahler hat eine höhere Schwingungsfrequenz als die Erde und die meisten Menschen.

Er spielt sozusagen in einer weit höheren und anderen ‚Energie-Liga'.

Jonathan freut sich immer, wenn er mir helfen kann und ich mache mittlerweile jeden Tag verschiedene Dinge, beobachte sie, spüre, fühle und sehe sie.

Das meiste in Eurem Leben braucht Ihr Euch nicht andauernd immer wieder zu kaufen, denn Ihr könnt es Euch mit dem Urteilchen-Strahler einstrahlen.

Ich fange mit wundervollen Beispielen an:

Ich weiß, dass mir Obertonmusik gut tut. Diese Musik ist auch eigentlich nicht irdischen Ursprungs, wurde aber hier manifestiert.

Ich sage einfach zu Jonathan: „Strahl mir bitte Obertonmusik ein, die meiner Seele und meinem Körper gut tut, vielen Dank. Amen!"

Dann macht Jonathan das und ich spüre es auf wundervolle Weise!

Es gibt so fantastische und wundervolle Dinge, die ich einfach so einstrahlen kann, ohne sie vorher zu besitzen oder kaufen zu müssen.

Ich möchte Bachblüten, weil ich nicht so gut drauf bin?

Ich strahle mir dann gleich alle Bachblüten ein. Es ist ja feinstofflich. Mein Körper nimmt sich all das, was er davon braucht - nicht mehr und nicht weniger.

Ich kann mir alle Schüsslersalze einstrahlen, auch alle anderen Essenzen, die auf dem Markt sind und ich kann mir wohltuende Heilpflanzen Essenzen einstrahlen.

Weiß ich beispielsweise nicht, was für ein Heilkraut gegen Magenkrämpfe hilft, muss ich jetzt nicht erst das ganze Internet durchsuchen, um herauszubekommen, welches Mittel dagegen hilft, sondern ich sage meinem Urteilchen-Strahler, dass er das beste Mittel, das mir jetzt am besten gegen Magenkrämpfe hilft, einstrahlt.

Ist das nicht gigantisch gut?

Ich finde es überwältigend!

So ist das einmal - ein Vorgeschmack darauf, was uns in der fünften Dimension und in noch höheren Ebenen, in die wir Menschen aufsteigen werden, erwartet.

Jetzt möchte ich Dinge auflisten, die fürs Einstrahlen absolut nennenswert sind, obwohl man vielleicht nicht gleich auf kommen würde:

- *Tiefer, innerer Frieden*
- *Heilung und Regeneration des Körpers*
- *Zufriedenheit und Wohlergehen*
- *positives Denken*
- *wahre Liebe senden und empfangen*
- *Erneuerung und Regeneration aller Zellen im Körper*
- *Umweltbewusstsein verstärken*
- *Friedensenergien aussenden*
- *harmonisch leben mit Mitmenschen*

- *Kraftplatz-Energie tanken*
- *Waldesruhschwingung in sich aufnehmen*
- *stressfrei leben*
- *offen sein für innere Eingebungen*

Dieses sind nur einige wenige Anregungen. Sie funktionieren einwandfrei!

Eurer Phantasie und Kreativität sind keine Grenzen gesetzt!

Ihr werdet staunen, was alles geht und möglich ist!

Extremsituationen habe ich noch nicht getestet.

Aber was wäre wenn:

- ein Unfall geschieht, jemand Blut verliert und Ihr ihm mit Euren Urteilchen-Strahler Energie gebt (natürlich als Zusatz zu den Erste Hilfe Maßnahmen) bis der Notarztwagen kommt.
- jemand mit Nierenproblemen (Nierenversagen) im Krankenhaus liegt und Ihr ihm den Urteilchen-Strahler vorhaltet und im inneren Gebet bittet, dass die eine oder dass beide Nieren gereinigt werden und wieder normal funktionieren.
- Nierensteine mit Hilfe des Urteilchen-Strahlers gesprengt werden würden und entweder gleich ins Licht absorbiert würden oder so klein gemacht worden wären, dass sie schmerzfrei über den Urin aus dem Körper gelangen könnten.
- ein Herz, das Herzrhythmusstörungen hat, wegen dem Urteilchen-Strahler wieder normal schlagen würde.

- ein Krebsleiden, das ausgebrochen ist, durch das innere Gebet, durch Loslassen und durch einen anderen Lebenswandel mit Hilfe des Urteilchen-Strahlers zum Stillstand kommen würde und es dann schließlich zu einem Rückgang der Metastasen käme.

Alles Utopie oder mögliche Realität?

Es war immer schon gut, den Urteilchen-Strahler dabei zu haben!

Über positive Resonanzen würden sich Richard Weigerstorfer und ich sehr freuen!

Selbstverständlich ist der Urteilchen-Strahler ebenfalls hervorragend zum Entstören von:

- Fernsehern
- Video / DVD Geräten
- Monitoren
- Computern
- Mikrowellen (die man trotzdem nicht benutzen sollte!)
- Allen Steckdosen
- Wasseradern und Erdstrahlen (dazu kommt ein eigenes Kapitel nachher noch)
- Handys
- Handymasten
- Überirdische Stromleitungen (z. B. auf dem Dach des Hauses)
- Sicherungskästen
- Jeglicher Nahrung
- Jeglichen Getränke

- Autos
- Büchern, Möbeln, Kleidung (alte Energien herausziehen!)
- Wohnräumen (wo man wohnt, arbeitet oder neu hinzieht!)
- Bildern, die man aufhängt
- Mineralien (Halbedelsteine!)
- Negativen Orten (also von Plätzen, wo Schlachten oder rituelle Dinge wie Hexenverbrennungen stattfanden, wo Friedhöfe oder auch Galgen standen und so weiter).

Es gibt bestimmt noch viel mehr Dinge, die man mit dem Urteilchen-Strahler entstören kann. Seid kreativ und handelt!

Macht was aus diesem Gottesgeschenk an die Menschheit!

Eigentlich ist es nicht eine Minute vor zwölf, sondern schon fünf Minuten nach zwölf.

So gesehen, sind wir eigentlich schon in der Nachspielzeit.

Aber wir sind immer noch hier und können etwas bewerkstelligen!

Gemeinsam können wir etwas tun!

In der Gemeinschaft sind wir stärker als im Alleingang!

Wir brauchen nicht erst auf das Elfmeterschießen warten. Wir können es schon vorher zu unseren Gunsten entscheiden!

Denkt daran!

Die geistige Welt hilft Euch immer, wenn Ihr darum bittet!

Schützt Euch, hüllt Euch ein und helft und macht! Es ist zum Wohle aller Menschen!

Nein, das soll keine Predigt sein, nur ein Wachrütteln, eine Initialzündung!

Noch können wir unseren Planeten retten, säubern und heilen!

Mit dem Urteilchen-Strahler könnt Ihr Euch nicht mehr rausreden und sagen, ich hab ja keine Chance als Einzelner.

Das stimmt nicht!

Wenn Ihr mit dem Urteilchen-Strahler arbeitet, seid Ihr nicht allein!

Ihr habt eine Armada von Engeln hinter Euch, die Euch zur Seite stehen.

Ihr seid niemals allein!

Ihr seid mit dem Urteilchen-Strahler in einer anderen Schwingung: Der Schwingung der Heilung, des Helfens, und der Reparatur.

Schwingt mit und helft!

So, das war dieses Thema, was mir sehr am Herzen liegt, was einige von Euch sicherlich emotional beim Lesen gespürt haben.

Und jetzt kommt wieder der alte Ralf Johann, der Geschichtenerzähler, der Jongleur der Worte...

Reise zu den Elfen, Zwergen und Feen

Es war einmal... „Ja, ja, jetzt fängt er auch noch so an!“, denkt ihr.

Richtig: Es war einmal vor langer Zeit. Da konnten viele Menschen die Naturwesen sehen und mit ihnen nicht nur kommunizieren, sondern auch in Harmonie und Frieden leben. Heutzutage sind es zwar nicht mehr so viele, aber die Zahl derer, die es können, steigt und steigt und steigt.

Ich habe im Reich der Naturwesen einige Freunde und Helfer.

Pan lernte ich kennen, als ich zwei Blumen vor dem Verdurstungstod in einem Laden rettete, sie umtopfte und ihnen neuen Lebensgeist gab.

Und Elfen, Feen und vor allem Zwerge begleiten mich seit meiner Kindheit.

Jetzt möchte ich Euch erzählen, was der liebe Zwerg Bertelbart über die Arbeit mit dem Urteilchen-Strahler sagt und wie er die Energien sieht und vor allem findet:

„Gott zum Gruß, ihr Lieben weit und breit! Ich freue mich, zu Euch sprechen zu dürfen! Ich bin sehr überrascht gewesen, als der liebe Jonathan als neues Familienmitglied hier Einzug gehalten hat und freue mich mit ihm darüber, dass er so gut aufgenommen wurde. Er hat hier alles gewandelt und geändert. Hier leben drei Zwerge, zwei Wichtel, eine Elfe und die Fee Linde kommt gelegentlich zu Besuch. Es ist in Haus und Garten alles relativ gesittet und geordnet, mal abgesehen davon, dass der Garten für mein Empfinden noch unordentlicher sein könnte. Dann würden sich noch mehr Naturwesen hier aufhalten. Aber der neue extrem starke Kraftplatz im Garten, der durch die Urteilchen-Energie noch um einiges verstärkt wurde, lockt sie aber in Scharen an. Es ist in unserer Schwingungsebene eine richtige Drängelei dort. Alle lieben diesen Platz!

Auch die Tiere der Nachbarschaft liegen dort gerne und es ist dort so friedlich. Bevor Ralf Johann die Energie mit dem Urteilchen-Strahler verstärkt hatte, war sie schon sehr hoch und stark, aber jetzt ist es ein wahres Paradies für Mensch, Tier und Naturwesen! Der Urteilchen-Strahler ist wirklich ein Geschenk Gottes und kann noch viel, viel mehr als ihr bisher wisst. Leider darf ich einige Dinge nicht vorweg nehmen, sonst würde ich in den göttlichen Plan eingreifen und das ist natürlich verboten! Wir im Zwergenreich und auch die Elfen, Feen, Wichtel, Nixen und wie sie alle heißen, halten sich daran. Ich glaube aber sagen zu dürfen, dass im Jahre 2007 eine weitere, bahnbrechende Möglichkeit mit dem Urteilchen-Strahler möglich ist."

Das war die Vorgeschichte und jetzt kommt das, was Ihr doch eigentlich hören wolltet:

„Es war einmal der große Garten von Ralf Johann. Dort steht ein Baum, genauer ein Apfelbaum, der an sich schon ein lebendes Wunderwerk ist. Der Apfelbaum ist innen komplett ausgehöhlt, trägt aber munter weiter Jahr für Jahr seine Äpfel. Ralf Johann sah das damals und fragte die Gartengeister: ‚Wie kommt es, das der Apfelbaum so trägt? Liegt das an dem Hollerbaum, der neben ihm steht?' ‚Ja, so ist es!', sagte ein Zwerg zu ihm. ‚Sie stehen in einer Art Symbiose nebeneinander. Der Holler schützt den Apfelbaum.' ‚Aber dort ist eine Wasserader', sagte Ralf Johann, ‚ich spüre es deutlich!' ‚Ja', sagte der Zwerg, welcher übrigens nicht verwandt oder verschwägert mit mir ist. ‚Die Ader geht dort hinten beim Nachbarn in den Kuhstall, deshalb schreien dort die Kühe.'

Ralf Johann begann sofort im Gebet und mit Verbindung zur geistigen Welt zu arbeiten. Er begann diese Wasseradern umzulenken, vor allem weg von den armen Kühen. Nach einer Woche schrieen die Kühe nicht mehr; er hatte es geschafft. Alles blieb so, bis eine große Änderung in unser Leben trat nach etwa achtzehn Monaten Eurer Zeitrechnung. Das neue Familienmitglied Jonathan wurde begrüßt. Die Wichtel waren sehr neugierig und schreckten vor der hohen Energie zurück. Sie kannten so etwas ja noch nicht. Wir fragten Ralf Johann, was jetzt geschehen würde. Er sagte, dass die Schwingung des Gartens, ja des ganzen Grundstücks und Hauses jetzt erhöht werden würde. Einige waren erstaunt, manche skeptisch, doch die meisten waren aufgeregt!

Der Holler und der Apfelbaum bekamen viel Energie, das Gewächshaus auch und der Kraftplatz erst recht!

Dann kam plötzlich dieses furchtbare Unwetter und es verging auch fast so schnell wie es kam. ‚Das hat Jonathan getan', sagte ein Wichtel ganz aufgeregt. Viele der Zwerge schauten überrascht. Die Kunde von Jonathans Energie machte schnell die Runde im Garten. Jetzt haben sich alle an die höhere Schwingung gewöhnt und mögen sie, sowohl im Haus als auch im Garten. Wir haben uns mehrheitlich entschlossen, dort zu sein, wo Jonathan ist, denn diese Schwingung bezaubert und betört uns. Sollte Ralf Johann einmal diesen schönen Ort verlassen wollen, gehen wir mit ihm und Jonathan und allen anderen. Wir hoffen, dass sie noch ewig leben und bleiben bei ihnen in dieser schönen Energie.

Ende. Gott zum Gruß!"

Soweit also unser lieber Geschichtenerzähler Bertelbart, ein wirklich liebenswerter Zwerg, der schon seit 1997 bei uns wohnt und auch die Umzüge mitgemacht hat.

Ich finde die Geschichte deshalb so interessant, weil sie aus der Sicht der Naturwesen, die weitaus höhere Energie des Urteilchen-Strahlers in allen Einzelheiten beschreibt.

Ich habe übrigens gerade dort, wo andere ihre Webcam stehen haben, Jonathan postiert und er sendet permanent Durchhalteenergien an mich, denn mein Körper ist müde und möchte eine Pause machen, aber mein Geist sprudelt nur so von Dingen, die niedergeschrieben werden wollen.

Ich habe in meinem ersten Buch *Praktischer Alltag mit dem ORa-Orgon-Strahler* schon ein nettes Kapitel über Benzin/Diesel Spar Essenzen geschrieben. Ich möchte jetzt noch eine Ergänzung dazu schreiben.

Die ‚Sprit-Spar-Essenz'

Dieses Thema hat gerade jetzt eine gewisse Brisanz, weil ja durch die hohen Spritpreise wirklich jeder sparen möchte.

Fahrer von älteren Dieselfahrzeugen haben da immer noch gut lachen.

Während es zweistellige Temperaturen draußen gibt, kann man je nach Fabrikat und Alter, zwischen 50% bis 80% seiner Tankfüllung mit Pflanzenöl (genannt PÖL) fahren. Eventuell ein bis zweimal mehr Vorglühen – fertig!

Im Winter ist das jedoch nicht so!

Mehr als 50% habe ich noch nicht gewagt und dann sollte auch immer ein Liter Super Benzin mit hinzu, damit das Auto auch anspringt.

Unser VW-Bus hat das Spielchen immer mitgemacht.

Ihr seid natürlich auf der sicheren Seite, wenn Ihr einen Umrüstsatz mit einem zweiten Tank für Pflanzenöl habt. Warum ich das jetzt erzähle?

Nun, mit dem ORa-Orgon-Strahler konnte man, wie ich ja im anderen Buch beschrieben habe, Sprit Spar Essenzen herstellen.

Mit dem Urteilchen-Strahler jedoch, ist etwas noch Besseres möglich!

Ihr haltet Euren Urteilchen-Strahler an den Tank. Die Spritzufuhrleitung und den Motor und bittet ihn, den Treibstoff einerseits so sauber wie möglich zu verbrennen und Ihr könnt ihn andererseits bitten, so sparsam wie möglich zu fahren.

Ihr haltet Euren Urteilchen-Strahler an die ebengenannten Teile und sagt: „Lieber Urteilchen-Strahler, bitte gib die Energie so gezielt hinein, sodass der Motor zum einen optimal läuft, so sparsam wie möglich ist und auf der anderen Seite die Abgase und das, was hinten raus kommt, so wenig wie möglich die Umwelt belastet - am besten ganz ohne Schadstoffe. Dankeschön. Amen!"

Bei reinem Pflanzenöl kommt ja nur das an Schadstoffen heraus, was die Pflanze, aus der das Öl gewonnen wurde, aus der Luft aufgenommen hatte und das ist sehr, sehr wenig.

Ich habe eine Ersparnis von 1-3 Litern auf 100 km schon registriert, abhängig von Auto und Fahrweise.

Ich werde auf jeden Fall einen Langzeitversuch machen. Bestimmt gibt es noch Verbesserungen.

Ich fahre meinen VW-BUS Diesel/PÖL mit 5-6 Litern Verbrauch auf 100 km, das ist wirklich sehr günstig für ein T3 Modell.

Natürlich habe ich auch das ganze Auto komplett mit dem Urteilchen-Strahler eingehüllt und gesegnet.

Die Schutzengel, die während jeder Fahrt über dem Auto mitfliegen, haben sich sehr darüber gefreut.

‚Live on Tour'

Ja, jetzt geht's ans Eingemachte, dachten wir. Ein Hilferuf eines Freundes, der bei Memmingen wohnt, hatte uns auf die Idee gebracht und schon wurden Listen und Pläne gemacht, wo Plätze, Orte, Burgen und deren Ruinen oder Kirchen sein könnten, die dringend entstört bzw. gereinigt werden müssen.

Klappt es bei manchen Gebäuden in wenigen Minuten, dauerte es bei anderen schon etwas länger. Aber es lohnte sich auch bei dieser Burg. Sie durfte ihre alten Strukturen und festgefahrenen Blockaden loslassen und die Seelen, die es bisher noch nicht geschafft hatten, ins Licht zu gehen, konnten jetzt endlich gehen!

Die Innenstadtbereiche vieler Städte sind auch oft total voll von alten Energien!

Ich sagte zu Jonathan, er solle eine bestimmte Stadt, die hier ungenannt bleiben soll, über den Stadtplan reinigen. So ging ich die ganze Innenstadt über dem Stadtplan mit Jonathan ab und wir schickten sehr, sehr viel ins Licht!

Einfach Euren Urteilchen-Strahler etwa 1 cm über die jeweiligen Dinge halten, die ihr reinigen möchtet und schon klappt es! Geht einfach langsam beispielsweise auf einer Straßenkarte über die Strassen und reinigt diese, inklusive der Häuser. Ihr braucht dieses nur Eurem Urteilchen-Strahler sagen und er macht es dann schon!

So könnt Ihr wunderbar auch Ortschaften und Plätze reinigen, ohne dort ‚live' sein zu müssen.

Wir werden unsere Tour durchs Allgäu weiter machen, da wir ja auch neugierig sind und ich beispielsweise auch sehen möchte, was sich vor Ort tut, wenn Jonathan in Verbindung mit der geistigen Welt reinigt.

Die nächste Tagesetappe ging dann zu einem beliebten Burgberg im Oberallgäu. Wir waren zu Besuch beim ‚König des Allgäus', dem Grünten.

Er hat eine majestätische und wunderbare Ausstrahlung!

Wir waren an dem Tag zu viert unterwegs. Ich hatte während der Fahrt zum Grünten Jonathan die ganze Zeit so positioniert, dass er permanent den Himmel ‚bustete', das heißt ‚orgonisch wandelte'.

Als wir dort waren, war der Himmel ohne ein einziges Wölkchen mehr.

Eine Route zur Besteigung rausgesucht und dann begann die Kletterei. Der Grünten ist immerhin 1738 m hoch.

Während der Bergwanderung hielt ich alle meine Sinne bei mir und fühlte und horchte in die Natur.

Ich ließ Jonathan die ganze Zeit während des Anstiegs positive Energie verbreiten.

Wir kamen etwa auf der Hälfte zu einem fantastischen Wasserfall. Ich testete das Wasser und empfand es als recht gut, nur irgendwas störte mich. Da doch noch diverse Leute ebenfalls dort standen, fiel mir das Konzentrieren recht schwer. Ich nahm Jonathan und ging zu verschiedenen Stellen am Wasserfall und bestrahlte diese. Dann sah ich einen Weg, der hinauf zur Spitze des Wasserfalls führte. Es war zwar etwas steil und ein bisschen rutschig, aber nach einigen Minuten war ich genau da, wo ich hinwollte. Dort bestrahlte ich das Wasser, die Steine, die Bäume, eine kleine nahe liegende Nische (es war leider keine Höhle) und so weiter! Ich bat auch darum, dass die Energien sich dort manifestieren und bleiben.

Unten wieder angekommen, schaute ich hinauf und schon hatte der ganze Wasserfall eine völlig andere Aura! Wow! Ich war begeistert!

Auf dem weiteren Weg und dann später auf dem Rückweg geschah nichts ungewöhnliches, bis ich plötzlich wieder in der Nähe des Fußes ein Rauschen hörte. Ich trennte mich von meiner Gruppe und folgte dem Rauschen.

Meine Neugier wurde belohnt:

Ein weiterer fantastischer Wasserfall kam zum Vorschein. Auch ihn bestrahlte ich liebevoll.

Ich holte vom Auto meine Digitalkamera und machte gleich von diesem fantastischen Wasserfall Fotos, während Jonathan ihn und alles in der Umgebung liebevoll mit positiver Energie bestrahlte.

Das nun folgende Foto ist dermaßen gut geworden, dass man es ohne weiteres als Werbefoto für den Urteilchen-Strahler nehmen könnte.

Energie-Arbeit mit Naturgewässern

Am Himmel flogen wieder einige Flieger und hinterließen Chemtrails. Das wurmte mich. Ich bat die geistige Welt durch Jonathan diese aufzulösen und es dauerte nur wenige Minuten und sie lösten sich auf. Dann ging es mit gutem Gewissen weiter, wieder etwas Positives für die Umwelt getan zu haben. Dass Jonathan dabei aus dem Fenster schaute und pausenlos positive Licht-und-Liebe-Energien verschickte, versteht sich von selbst.

Da wir schon in der Gegend waren, wollte ich doch mal den schaurigen Geschichten einer nahe gelegenen Burgruine auf den Grund gehen. Sie ist etwa im Jahre 1140 erbaut worden, las ich, also vor einer halben Ewigkeit. Ich spürte, dass es dort spukte und Seelen erlöst werden wollten.

Jonathan, in Verbindung mit der geistigen Welt bekam Arbeit!

Ich bin ja mal gespannt, ob die Menschen, die die Burgruine besuchen, es merken, dass der ‚Spuk' jetzt endlich vorbei ist und die Seelen in den ‚ewigen Jagdgründen' sind, wie es die Indianer zu sagen pflegen.

Die nächste Route ging zu meiner Lieblingsburgruine, wo noch immer irgendwelche Energien gelöst werden müssen, da es dort Spukwesen und Verstorbene gibt, die es noch nicht zurück in die geistigen Gefilde geschafft haben und ins Licht geschickt werden dürfen.

Es ist nicht nur irgendeine Ruine, sie hat einen besonderen Hintergrund:

Niemand anderes, als unser aller Lieblingskönig, Ludwig II, unser ‚Kini' hatte diese Ruine im 19. Jahrhundert erworben, nachdem er schon oft hinaufgeklettert war, um dort zu meditieren und die Landschaft zu genießen. Mehr soll aber über diese Ruine nicht verraten werden.

Und da ich auch ein Freund von Ludwig bin (das Musical über ihn in Füssen ist sensationell gut!) hatte ich mir vorgenommen, seine Burgruine zu reinigen.

Die wechselvolle Geschichte der Burg hatte es mir angetan, dass ich das genau wissen wollte.

Die Reinigung hatte wunderbar geklappt und jetzt ist dort oben wieder Frieden.

Auf dem Schild, welches auch gereinigt wurde, steht auch die Geschichte der Burg.

So, ‚Kini' jetzt kommt Neuschwanstein dran und auch Hohenschwangau.

Dieses Unternehmen erfolgte auf interessante Weise!

Ein lieber Freund von mir wohnt in Füssen und von seinem Wohnzimmer aus, schaut man auf Neuschwanstein! - Ich denke, hier würden doch einige von Euch leben wollen, gell?

Er sagte zu mir, ich solle mal in den Nebenraum gehen und fühlen, was ich dort spüre.

Ich merkte sofort, dass die Energie sehr, sehr hoch war!

„Kann das sein, das da eine Ley Line durch deine Wohnung geht?", fragte ich ihn.

Er nickte und erzählte mir, dass Ludwig II. sein Schloss Neuschwanstein bewusst dort oben auf den Ruinen einer anderen Burg baute, da eine der Ley Lines (das sind ja die Kraftlinien der Erde) mitten durchs Schloss geht.

Diese Ley Lines gehen ja auch durch die Externsteine, Stonehenge, das Orakel von Delphi, Gizeh oder Chartres, um nur einige berühmte Orte zu nennen. Jetzt war ich neugierig!

Ich positionierte Jonathan und bat um Reinigung aller Fremdenergien von Neuschwanstein und später auch von Hohenschwangau.

Da so ein Kult Rummel um Ludwig gemacht wird und tausende von Touristen durchs Schloss und die Berglandschaft geschleust werden, wurde konsequent alles gereinigt.

Jetzt fließt wieder reine Ley Line Energie und der Berg ist mitgereinigt.

Ich werde dieses Procedere in unregelmäßigen Abständen wiederholen, wenn ich das Gefühl habe, es ist mal wieder so weit.

Die anderen Schlösser außerhalb des Allgäus überlasse ich gerne anderen, wenn sie mit ihrem Urteilchen-Strahler da reinigen möchten.

Ich habe hier im heimeligen Allgäu genug zu tun.

Wenige Tage später ergab es sich, dass wir Richtung Sonthofen fuhren. Ich hatte natürlich schon Hinterstein im Kopf.

Hinterstein ist für mich, der schönste Ort im Allgäu schlechthin!

Mit Jonathan an meiner Seite machten wir uns auf den Weg Richtung Ostrach. Die Ostrach ist hier noch so rein, dass man das Wasser so aus dem Fluss trinken kann!

Mitten im Dorf ist ein Brunnen, aus dem reines Gebirgswasser fließt. Dieses Wasser war in Ordnung, brauchte nach einem kurzen Test von mir, nicht gereinigt werden. Der Himmel zog sich zu. Die Chemtrails wurden unterwegs schon mit Jonathan in Verbindung mit der geistigen Welt liebevoll umgewandelt, indem ich einfach vom Beifahrersitz aus jeweils Jonathan in die Richtung hielt, wo welche entstanden. Sie lösten sich aber genauso schnell wieder auf. Dunkle Regenwolken waren mein nächstes Ziel. Ich bat Gott Vater über Jonathan, dass nur die Wolken ihre dunklen Energien entzogen bekamen, die schädliche DOR (also negatives Orgon) in sich enthielten. Und so wurde es wieder schöner an diesem Tag und Schwester Sonne lachte wieder vom Himmel.

An der Ostrach war alles in Ordnung. Den umliegenden Bergen schenkte ich während des Spazierganges reichlich positive Energie.

Die Brücke über die Ostrach wurde auch gereinigt und dann ging es weiter zum Kutschenmuseum.

Dieses Museum ist wirklich einzigartig schön und von einem Privatmann in liebevoller Eigenleistung zusammen getragen. Allein schon wegen dem Kutschenmuseum ist Hinterstein eine Reise wert!

Auch in Museen kann man die Energien umwandeln, die noch von anderswo her anhaften und nicht dorthin gehören.

Doch mein Hauptziel sind immer drei Dinge:

1. die ausgestopften Tiere reinigen und entstören
2. die alten Museumsstücke energetisch zu neutralisieren
3. die vielen tausend Spiegelteilchen zu entstören

Dank Jonathan und die vorherige Bitte an Gott Vater, nur das umzuwandeln, was sein sollte, klappt es auch gut.

Auf die Spiegelentstörung kam ich übrigens durch Richard Weigerstorfers geniale Spiegelaufkleber zur Entstörung von Emotionen und sich anhaftenden Energien.

Man sollte auch Kirchen und alle Plätze regelmäßig reinigen, an denen viel gebetet wird und wo, um es mal so auszudrücken, deswegen auch viel ‚seelischer Abfall' hinterlassen wird.

Die Menschen geben häufig ihre ganzen Sorgen und Probleme dort unbewusst ab und oftmals bleiben sie auch dort hängen.

Eine Reinigung solcher Orte ist immer etwas Gutes für jeden dieser Orte.

Ein paar Tage später hörte ich ‚zufällig' von einer Burg im Unterallgäu, die recht runtergekommen sein sollte und dringend Reinigung benötigte. Optisch sollte diese noch halbwegs in Schuss sein. Als ich sie in Augenschein nahm, merkte ich die bedrückende Spannung, die Angst und die Stressschwingungen dort.

Ich bat Jonathan mit Hilfe der geistigen Welt alles das umzuwandeln, was unter Berücksichtigung des freien Willens gemacht werden darf.

Es floss sehr viel positive Energie und es wurde viel gewandelt. Hinterher fühlten wir uns viel besser. Diese Spukwesen die dort noch waren, sind jetzt im Licht!

Leider hatte ich keine Digitalkamera an dem Tag mit, sonst hätte ich das auch noch festgehalten.

Ich nahm mir vor, dass ich das, was ich mit dieser Burg gemacht hatte, auch mit den anderen Burgen und Burgruinen im gesamten Allgäu machen möchte. Da ich das nicht alles persönlich vor Ort machen wollte, fiel mir die Idee ein, Bilder der jeweiligen Orte via Internet zu besorgen und dann über den Monitor diese Orte zu reinigen.

Zu Hause probierte ich es: Es wirkte! Ich musste zwischen wenigen Minuten und doch schon etwa zwanzig Minuten bestrahlen, bis alles gereinigt und gesäubert war! Welch eine Erleichterung der Arbeit!

Trotzdem wollte ich persönlich auch immer wieder einiges ‚live' liebevoll entstören oder umwandeln, denn es macht mir sehr viel Spaß!

Auch Ortschaften mit Straßennamen wie ‚Galgenberg', ‚Galgenhügel' etc., also Plätze und Straßen, die auf blutige Taten hinweisen, bin ich auch heute noch am reinigen und umwandeln mit Hilfe der geistigen Welt und Jonathan, aber wie gesagt, ohne den freien Willen von lebenden Wesen zu tangieren.

Wallfahrtskirchen und alle Kirchen im Allgäu habe ich mir noch für den Rest des Jahres vorgenommen.

Friedhöfe sind mir auch schon eingefallen. Man muss ja nicht persönlich vor Ort sein, wenn man dieses nicht mag. Da geht es auch über ein Foto, einen Stadtplan etc.

Wer möchte kann es auch mit Gefängnissen machen, aber auch Stadtparks, Wälder, berühmte Plätze und Orte.

Die ,live tour' durchs Allgäu hat mir gut gefallen, da ich dadurch viel sensibler meiner Heimat gegenüber geworden bin und nun vieles bewusster beachte und mehr entdecke, als es sonst immer der Fall war.

Dinge des täglichen Lebens

Ja, auch dieses Thema hat es mir angetan! Ich bin bemüht, es so zu erzählen, wie ich es erlebt habe, also aus meiner Perspektive:

Ich hatte hin und wieder ,schwere Füße', wenn ich den ganzen Tag unterwegs war.

Ich überlegte herum, wie man das ändern könnte und schon half mir Jonathan.

Ich nahm wie in Trance aus der Schublade im Sideboard im Flur die neuen Magnet Einlegesohlen.

Ich hatte Sie mal gekauft, aber noch nicht benutzt. Ich testete sie auf Energien mit meinen Händen. Etwas strahlten die Magnete schon ab. War aber nicht sonderlich stark.

Spontan nahm ich Jonathan und lud die Magnete auf. Ich sprach zu ihm: „Lieber Jonathan, lade bitte mit Hilfe der geistigen Welt diese Magnet-Sohlen so auf, dass sie mir soviel Energie spenden, dass ich abends keine schweren Füße mehr habe.“

Dann ließ ich Jonathan einige Minuten arbeiten.

Nachdem Jonathan fertig war (ich merkte das irgendwie in mir), nahm ich die Sohlen in die Hand.

Sie waren Größe 46. Größer gab es sie leider nicht. Aber in meine 47er Schuhe passten sie einigermaßen hinein.

Gleich darauf probierte ich die Schuhe mit den Einlegesohlen aus.

Das war ja einfach klasse!

Es wirkte!

Ich fühlte mich so leicht!

Lag es vielleicht daran, dass die Magneten in Verbindung mit der Urteilchen-Energie voller Power waren?

Ich spürte, dass die super Energie überall hin ging!

Ich war happy!

Gleiches machte ich noch mit meiner Lieblingssonnenbrille, sämtlichen Schuhen von mir (inklusive der Hausschuhe selbstverständlich!) und allen Dingen, die man tagtäglich im Haushalt benutzt, sowie mit allem, was mir so in die Finger kam.

Die Ideen sind schier unerschöpflich, was alles möglich ist!

Partnerschaften, Freundschaften, Familien und Ehen

Auch dieses Thema entstand dadurch, dass eine liebe Seelenschwester von mir anrief. Sie hatte Liebeskummer der besonderen Art. Sie war verliebt in ihn und er auch in sie. Da sie aber schon viele Reinfälle erlebt hatte, fragte sie mich, ob ich die Engel fragen könnte, ob er der Richtige sei und falls ja, ob ich beiden nicht positive Energien schicken könnte.

Ich sagte, ich schaue einmal.

Kurz darauf, also ein paar Tage später, bat mich ein guter Freund, ihm in einer ähnlichen Situation zu helfen.

Das konnte kein Zufall sein! Denn Zufälle gibt es nicht!

Es sollte also wieder eine Aufgabe für Jonathan und die geistige Welt werden.

Seit ich an dem Buch schreibe, passieren sowieso oft merkwürdig ‚zufällige' Dinge.

Ich überlegte in etwa zwei Tage lang und dann hatte ich eine Lösung, wie ich hoffte.

Ich ließ mir Fotos zumailen, wo jeweils beide zu sehen waren.

Ich sprach zu Jonathan und fragte zuerst, ob die beiden zueinander passten.

Anhand der Energie, die ich als Antwort bekam, wusste ich ‚ja' oder ‚nein'.

Dann sandte ich beiden gleichzeitig Heilenergie, Licht und Liebe, Friedensenergie, Ehrlichkeit in ihrer Beziehung und viele andere positive Energien. Es half und wirkte!

Das, was zusammen kommen durfte, wurde hier noch verstärkt! Ein schönes Gefühl, helfen zu können.

Als nächstes bat ich diese Freunde, nur einmal an sich zu beobachten, ob sie in den nächsten 24 Stunden was merkten, mehr sagte ich nicht.

Die Frauen, die ich fragte, waren etwas sensibler als die Männer, doch jeder merkte, dass ich ihm/ihr Heilenergie gesandt hatte.

Eine alte Beziehung von zwei geschäftlichen Streithähnen bestrahlte ich per Foto, weil ich darum gebeten wurde, ohne den freien Willen natürlich auch hier zu einzuschränken.

Wieder half der Urteilchen-Strahler: Die verschütteten Geschäftsbeziehungen verbesserten sich zusehends.

Meine Mutter bat mich, meinem Vater Heilenergien zu senden.

Ich war mal wieder in einer Zwickmühle. Ich durfte es nicht gegen seinen freien Willen tun.

Ich überlegte und rief meine Eltern an. Ich fragte meinen Vater, ob ich ihm zu Weihnachten etwas Gutes tun dürfe.

Er sagte „ja“, weil er wahrscheinlich dachte, ich meine ein weltliches Geschenk. Ich hatte aber durch die Frage, die ich so geschickt formuliert hatte, das bekommen, was ich wollte: Seine Erlaubnis, ihm Gutes zu tun, also auf gut Deutsch, ihm zu helfen.

Jonathan half in Verbindung mit der geistigen Welt. Es geht ihm besser!

Der Neffe einer lieben Freundin hatte einen Autounfall und fiel ins Koma.

Er erwachte aus dem Koma, weil ich von der geistigen Welt die Eingebung erhielt, dass die gute Freundin täglich für den Neffen in liebevollen Gedanken das *Ave Maria* singen solle.

Seit sie es tut, geht es dem Neffen langsam besser. Doch jetzt kam Jonathan ins Spiel:

Ich bestrahlte ein Foto des Jungen mit dem Urteilchen-Strahler und bat Gott Vater, dass der junge Mann die Heilenergien bekommen dürfe, die vom Vater erlaubt und zugelassen sind. Ich bekam die Erlaubnis und die Heilenergie floss.

Es ging ihm gleich darauf besser!

Ihr werdet Euch jetzt sicherlich fragen, warum es so wichtig ist, zu fragen, bevor Ihr zu helfen anfangt.

Nun, meistens sind Krankheiten ja Lernprozesse für diejenigen, die sie haben. Und dann einfach eingreifen und Gott ins Handwerk pfuschen, ist natürlich nicht erlaubt. Sagt Ihr jedoch: „Lieber Gott, ich möchte XY soviel Heilenergie schicken, wie Du erlaubst“, dann seid Ihr auf der sicheren Seite und die zu behandelnde Person bekommt genau die Menge an Heilenergie, die richtig ist.

Ihr könnt es aber noch einfacher machen:

Wenn Ihr anfangt, mit Eurem Urteilchen-Strahler zu arbeiten, freundet Ihr Euch ja wahrscheinlich mit ihm an und vielleicht gebt Ihr ihm ja auch einen Namen, so wie ich das getan habe.

Dann bittet gleich den Vater, dass nur soviel Heilenergie fließen darf, wie Gott zulässt. Dann seid Ihr auch auf der sicheren Seite und macht alles richtig.

Ihr seht, man kann viel Gutes mit dem Urteilchen-Strahler tun.

Ich möchte noch ein interessantes Beispiel geben:

Ist jemand ungerecht behandelt worden, oder hat eine Firma ihn irgendwie betrogen oder belogen, so darf man mit dem Urteilchen-Strahler um Richtigstellung und Gerechtigkeit bitten.

Ich weiß von einem Fall, wo zu Unrecht eine Handyfirma versuchte hatte, von der betreffenden Person Geld zu fordern,

obwohl die Gegenleistung (in dem Fall Freischaltung des Handys) nicht erbracht worden war.

Die betreffende Person weigerte sich berechtigt für etwas zu zahlen, für das sie ja nichts bekommen hatte.

Längere Zeit hörte die Person nichts mehr von dem Handy-Anbieter.

Knapp ein Jahr verging und plötzlich, wie aus heiterem Himmel, kam eine Aufforderung vom Gericht zur Zahlung.

Wir bestrahlten den Brief mit Jonathan und baten um Gerechtigkeit. Daraufhin legte die Person Einspruch ein.

Danach kam nie wieder etwas!

Ihr seht, beim Gerechtigkeit Ausüben und Bekommen habt Ihr im Urteilchen-Strahler einen guten Helfer!

Auch Zwistigkeiten in der Familie oder in der Verwandtschaft und auch im Freundeskreis (oder wo auch immer) kann man recht schnell unterstützend zum Ende bringen.

Zum einen sollte derjenige oder diejenige erst einmal in Gedanken die entsprechende Person um Vergebung und Aufhebung des Konfliktes bitten. Das ist auch wichtig, selbst wenn man selber den Streit nicht angefangen hat. Das alte Sprichwort: ‚Der Klügere gibt nach' trifft auch hier den Nagel auf den Kopf.

Der Urteilchen-Strahler hilft Euch auch hier (genau wie der ORa-Orgon-Strahler), nur geht es im Normalfall mit dem Urteilchen-Strahler schneller.

Ihr bestrahlt einfach ein Foto der betreffenden Person und sagt dann beispielsweise zu Eurem Urteilchen-Strahler: „Bitte hilf mir in Verbindung mit der geistigen Welt diesen Sachverhalt, der zum Streit führte, zu lösen und dass wir wieder Frieden miteinander haben."

In der Regel klappt es innerhalb von Tagen (manchmal sogar Stunden). Ganz hartnäckige Fälle brauchen schon einmal etwas länger. Das liegt aber dann meistens daran, dass die betreffenden Personen zwar vielleicht loslassen und verzeihen möchten, sie aber besetzt oder überschattet sind von einem oder mehreren Wesen, die sie das nicht machen lassen wollen.

In dem Fall dürft Ihr nicht einfach die Wesenheiten, die an den betreffenden Personen hängen, mit Eurem Urteilchen-Strahler ins Licht schicken. Das wäre ein unerlaubter Eingriff in das persönliche Schicksal dieser Personen!

Was Ihr aber tun dürft, ist den lieben Gott bitten, dass er es macht, wenn es erlaubt ist und im göttlichen Plan vorgesehen ist.

Ihr löst Euch aber dadurch, wie eben schon gesagt, von Euren eigenen Dingen, die von Euch noch an der anderen Person haften.

Durch Euer Loslassen löst sich der Rest dann meistens auch noch. Die Wesenheiten, die an der anderen Person klammern, können sich bald nicht mehr halten, da die Person plötzlich anders denkt und oft auch handelt.

Eine große Ausnahme des Eingriffes besteht bei Kindern.

Solange sie nicht älter als vierzehn Jahre sind, dürfen die Eltern sehr wohl helfend mitwirken.

Hat beispielsweise ein Kind mit acht Jahren plötzlich Asthma oder Neurodermitis bekommen, so sind das meistens Resonanzen aus dem vergangenen Leben des Kindes.

Ihr dürft hier sehr wohl helfend eingreifen.

Bittet Euren Urteilchen-Strahler in Verbindung mit der geistigen Welt, dass dem Kind beispielsweise eine Gegenschwingung zur Neurodermitis eingestrahlt wird. Das Kind wird diese unangenehme Krankheit meistens recht schnell verlieren.

Jetzt werden vielleicht einige sagen: „Ja, aber das Kind muss es doch noch ausleben, als Resonanz auf was Negatives, was es im Vorleben getan hat."

Das stimmt schon teilweise, aber Ihr müsst wissen, dass eine Seele, bevor sie wieder inkarnieren möchte, alles genau mit den Schutzengeln, Aufpasserengeln und natürlich mit den betreffenden Personen (in diesem Fall Vater und Mutter) abspricht.

Die Engel wissen nämlich genau, dass die Eltern des Kindes zum richtigen Zeitpunkt einen Urteilchen-Strahler bekommen oder jemanden kennen, der einen hat. Das heißt, viele Dinge, die unausweichlich feststehen, geschehen auch.

Dinge, die man vor dem Leben abspricht oder Dinge, die passieren müssen, geschehen ebenfalls!

Das können Dinge sein, die Resonanz bedingt sind, aber oft sind es auch Dinge, die passieren, weil die betreffenden Menschen es möchten und sich schon darauf freuen.

Das kann das Wiedersehen des besten Freundes aus der letzten Inkarnation sein, oder auch die Absprache mit der Dualseele, sich in diesem Leben endlich wieder zu begegnen.

Das alles geschieht natürlich nur, wenn der Vater es erlaubt. Aber wenn man ‚keinen Dreck am Stecken' hat, wie es so schön heißt, wird dieses sehr oft vom Vater erlaubt und genehmigt.

Zurück zu unserem Neurodermitis Fall: Es wurde beispielsweise abgesprochen, dass die Neurodermitis nur bis zum 8. Lebensjahr das Kind begleitet und dann mit Hilfe des Urteilchen-Strahlers ins Licht geschickt wird.

Denn wichtige Erfindungen und Dinge stehen unverrückbar fest. Ich denke das trifft auf alle wichtigen und positiven Erfindungen der Menschheit zu.

Vielleicht fällt Euch jetzt auch eine Situation ein, wo sich so etwas ereignete, wer weiß.

Jedenfalls musste der Urteilchen-Strahler zum richtigen Zeitpunkt unter die Menschen kommen, wie vorher schon der Orgon-Strahler, die Orgon-Geräte und vieles andere Positive mehr.

Erzengel Michael

Ich hatte ja am Anfang kurz erwähnt, dass ich für Erzengel Michael ein eigenes Kapitel widmen möchte, da er derjenige ist, der einerseits auf mich aufpasst und andererseits wie sonst keiner ein Freund für mich geworden ist!

Ich möchte Euch jetzt einmal kurz erklären, was Michael so alles macht, auch was seine Aufgabengebiete sind und wie er Euch zusammen mit dem Urteilchen-Strahler bei der Arbeit hilft!

Erzengel Michael ist einer der Ur-Erzengel; das heißt, er ist eine der ältesten Seelen, die Gott Vater schuf.

Er ist der Wille und sorgt für Gerechtigkeit!

Er hilft bei allen Lebensformen, die Schutz brauchen, in Gefahr sind und sich Hilfe suchend an die geistige Welt wenden.

Ich könnte jetzt dutzende Situationen aufzählen, wo mir Michael schon geholfen hat, ich lasse es aber bei einem Beispiel bewenden:

Während meines Studiums habe ich viel Schichtarbeit gemacht, um zusätzlich Geld zu verdienen.

Die Arbeit machte mir immer mehr zu schaffen und mein Körper litt darunter. Ich hörte aber nicht auf ihn.

Ich bekam Eingebungen, kürzer zu treten oder den Beruf zu wechseln.

Ich hörte nicht darauf. Ich dachte, ich mache es, wenn das Studium zu Ende ist.

Ich wurde damals richtig krank und war nicht mehr in der Lage weiterzuarbeiten.

Ich las auch viel geistige und esoterische Literatur. Ich wusste allerdings damals noch nicht, wie man sich richtig schützt.

Prompt wurde ich von dunklen Wesen angegriffen, die mir damals arg zuschaffen machten, da mein Körper ja durch die Krankheit geschwächt war.

Mir ging es immer schlimmer. Ich wusste zuerst nicht, wie ich jemals wieder gesund werden sollte.

Eines Tages attackierten sie mich extrem heftig und ich hatte einen Blackout. Ich rief nur noch: "Michael hilf!"

Und dann erlebte ich im Delirium folgendes:

Erzengel Michael kam mit seinem Schwert und schickte die negativen Wesen alle ins Licht!

Mir ging es innerhalb von Minuten erheblich besser!

Ich hatte dann einen Traum, wo mir gesagt wurde, ich solle woanders hinziehen und meiner wahren Beschäftigung nachgehen.

Ich tat es und war nach vier Wochen wieder kerngesund, ja gesünder denn je!

Seitdem habe ich verstärkt immer dann nach Erzengel Michael gerufen, wenn ich Hilfe besonders nötig hatte.

Ihr werdet Euch sicherlich fragen, warum er mir nicht schon vorher geholfen hat, als die dunklen Wesen begannen, mich anzugreifen?

Nun, die Antwort ist ganz einfach: Er muss auch meinen freien Willen berücksichtigen, den Gott Vater jedem Menschen gegeben hat. Ich hatte ja vorher nicht um Hilfe gebeten, also durfte er mir vorher auch nicht helfen. So einfach ist das!

Jetzt möchte ich Euch noch sagen, wie Ihr mit Eurem Urteilchen-Strahler zu Erzengel Michael Kontakt bekommen könnt:

Ich habe es so gemacht:

Ich nahm Jonathan und sprach hinten hinein: „Erzengel Michael, mein Freund, kannst Du bitte immer helfen, wenn es erlaubt ist, dass ich Jonathan um Hilfe bitte?"

So etwa habe ich es formuliert und es klappte natürlich.

Hinterher habe ich mich selbstverständlich auch beim Vater bedankt, dass er es zuließ.

Wenn jetzt etwas Heftiges oder Brisantes zu lösen ist, nehme ich Jonathan immer und sage: „Könnt Ihr Lieben mir bei XY helfen? Vielen Dank, Vater!"

Denn bei Gott Vater solltet Ihr Euch am meisten bedanken, da Er ja derjenige ist, der alles geschaffen hat – vergesst dies niemals!

Ohne den uns immer liebenden Vater wären wir gar nicht da!

Und der Vater freut sich jedes Mal mit, wenn wir gute Dinge tun, solange wir ihn vorher um Erlaubnis bitten und uns hinterher auch bedanken.

Und auf die altbekannte Frage, warum der liebe Gott immer noch Kriege und Leid zulässt, darf ich Euch sagen:

Weil wir einen freien Willen haben! Es wird natürlich überall helfend eingegriffen, aber immer unter Bewahrung des freien Willens!

Erzengel Michael hat schon sooft Unheil, Kriege und andere schlimme Dinge verhindert, aber er hat sich immer an die Einhaltung des freien Willens gehalten.

Jetzt kam mir natürlich zu der Thematik auch eine Frage auf, die viele von Euch wahrscheinlich auch haben:

Darf ich mit dem Urteilchen-Strahler versuchen, einen Krieg zu verhindern?

Die Frage kann weder mit „Ja“ noch mit „Nein“ beantwortet werden.

Ja, bedingt, indem Ihr den entsprechenden Ländern und den Menschen, die diesen Krieg initiieren wollen, positive Energien über Euren Urteilchen-Strahler sendet. Doch hinter diesen Menschen stehen dunkle Wesen und Mächte, man könnte es satanische Energien nennen.

Aber auch diesen dürft Ihr positive Energien senden. Doch sie freuen sich darüber leider gar nicht.

Sie ärgern sich über jede Seele, die positive Energien versendet und noch mehr über die, welche sich von der lichten, spirituellen Seite ‚bekehren‘ lassen.

Und Ihr könnt Euch gar nicht vorstellen, wie sehr der Vater sich erst einmal über jede reumütig heimkehrende Seele freut!

Zurück zu unserer Frage:

Nein, ihr dürft nicht versuchen, Frieden mit Gewalt zu erzwingen, da Ihr dann in das göttliche Gesetz des freien Willens eingreift.

Was immens starke Energie hat und den freien Willen jedoch berücksichtigt, ist folgende Affirmation:

Ihr nehmt Euren Urteilchen-Strahler in die Hand (beispielsweise draußen; ideal wäre ein klarer Sternenhimmel) und sagt dann, indem Ihr ihn nach oben Richtung Sterne haltet:

„Licht und Liebe allen Lebensformen in allen Dimensionen und Universen. Der Friede sei mit Euch! Amen! Amen! Amen! Vater, ich danke Dir dafür!“

Diese Affirmation spreche ich leise zu Jonathan (und in dem Moment zu allen Lebensformen)

Durch die Urteilchen-Kraft wird diese Affirmation noch um ein Vielfaches verstärkt.

Die unter Euch, die feinfühlig und sensitiv sind, werden merken, was ich meine.

Auch die hellsichtigen, werden sehen, was dann passiert.

Merken tut eigentlich jeder irgendetwas!

Zumindest hat man ein gutes Gefühl im Herzen und weiß, dass man wieder einen Beitrag geleistet hat, positive Energien zu versenden.

Ich stelle mir gerade vor, wie dieses täglich von hunderten oder tausenden von Menschen weltweit geschieht.

Wisst Ihr, was das bedeuten würde?

Ein Quantensprung der Heilung der Menschheit, von Mutter Erde und anderen Planeten und Lebensformen.

Noch haben wir alle Möglichkeiten, nur durch unsere friedvolle Weise, also durch Versendung positiver Energien, durch positives Denken und mit einer positiven Lebensweise allen zu helfen, - nicht nur Mutter Erde, auch allen anderen Lebensformen.

Der Urteilchen-Strahler unterstützt Euch dabei in ungenanntem Ausmaß!

Überlegt einmal, was Mahatma Gandhi durch eine positive Denk- und Lebensweise erreicht hatte und er war nur ein Einzelner!

Gemeinsam ist vieles mehr möglich!

Bittet den Vater um Hilfe und sie wird Euch gewährt!

Es gibt tausende von Engeln, die nur darauf warten, dass Ihr sie ruft!

Sie helfen Euch liebend gern!

Jetzt möchte ich Euch noch ein paar hilfreiche Tipps mit auf den Weg geben:

Achtet auf Eure Gedanken und schickt negative oder störende liebevoll zur Seite oder direkt ins Licht.

Achtet auf Eure Wortwahl. Jedes gesprochene Wort hat seine Bedeutung!

Versucht jeden Menschen, jedes Tier und jede Pflanze so liebevoll und mit dem nötigen Respekt zu behandeln, wie Ihr selber auch behandelt werden möchtet!

Hüllt Euch immer in das weißgoldene Licht von Jesus Christus ein!

Bedankt Euch bei Gott Vater für die tägliche Führung, für seine Hilfe und Liebe!

Lasst alles los, was für Euch erdrückend ist und Euch nur belastet!

Wunderbar ist es, mit dem Kleiderschrank anzufangen. Alles, was Ihr zwei Jahre oder länger nicht mehr getragen habt, darf sich jetzt verabschieden.

Ihr werdet merken, wie wohl Euch das tut! Aber, bevor Ihre Eure Kleidung verkauft, verschenkt oder in den Altkleidersack gebt, nehmt bitte Eure Schwingungen aus den Kleidungsstücken heraus!

Derjenige, der sie bekommt, würde sonst mit Euren Schwingungen konfrontiert werden.

Das Reinigen der Kleidung geht ganz einfach: Ihr nehmt Euren Urteilchen-Strahler und sagt ihm beispielsweise: „Ich bitte um die Reinigung meiner Kleidung, sodass sie neutral sind und keine Schwingungen mehr von mir besitzen. Danke Vater!"

Ihr seht, es geht ganz einfach!

Mit dem ORa-Orgon-Strahler ist dieses natürlich auch möglich. Ihr benötigt dafür die schwarze Seite und geht damit einige Male über das Kleidungsstück. Er zieht jetzt alles aus der Kleidung heraus und neutralisiert sie. Es geht noch schneller, wenn Ihr den Transmitter ‚*Löschen*' ansteckt und dann die Kleidung löscht.

Das gilt auch für gekaufte Kleidung, also auch für Neuwaren.

Irgendjemand hat sie angefasst, vielleicht sogar anprobiert. Es heften auf jeden Fall irgendwelche Energien oder Emotionen daran.

Die Reinigung geht schnell und bewirkt so viel Gutes!

Abschließend in diesem Kapitel möchte ich Euch noch einmal die Hilfe von Erzengel Michael ans Herz legen:

Wenn Ihr aus dem Haus geht und Euch in das weißgoldene Christuslicht eingehüllt habt, seid Ihr geschützt.

Kommt aber eine Stresssituation auf Euch zu oder Ihr regt Euch sehr auf oder schimpft herum, so ist der Lichtschutzmantel löcherig. Da hilft ein erneutes Einhüllen.

Kommt jedoch irgendeine Gefahrensituation auf Euch zu, sagt in Gedanken: „Erzengel Michael, bitte hilf mir jetzt", oder formuliert es mit eigenen Worten.

Michael ist sofort zur Stelle und hilft, soweit es erlaubt ist. Ich habe ein gemaltes Bild von Michael im Auto und das gibt dauerhaften, permanenten Schutz.

Es ist doch so wunderbar, wenn man ständig Schutz und Hilfe aus der geistigen Welt hat.

Ach ja, ich habe jetzt einen Test gemacht. Ich habe den Urteilchen-Strahler fotografiert und dieses Foto jetzt unter das Bett gelegt. Es ist natürlich lange nicht so stark wie der Urteilchen-Strahler selbst, doch hat auch dieses Foto immerhin noch so viel Kraft, um den Schlafplatz schützen zu können.

Ich werde mal das Foto verkleinern und um die Spritleitung kleben.

Wer weiß, vielleicht sinkt der Verbrauch noch einmal?

Ein Foto des Urteilchen-Strahlers im Geldbeutel verhindert immerhin, dass das Geld ‚strahlt'.

Die Euro Scheine haben keine gute Schwingung. Nehmt sie mal in die Hand, dann wisst Ihr, was ich meine!

Praktische Tipps für den Urteilchen-Strahler

Einiges habe ich im vorigen Kapitel ja schon vorweg genommen. Jetzt gehe ich noch einmal ans Eingemachte:

Also regelmäßig Euer Münzgeld und auch die Geldscheine entstören. Euer Personalausweis hat ebenfalls sehr negative Schwingungen.

Es ist hinten drauf eine Fratze gemalt. Dreht ihn auf den Kopf, dann seht Ihr sie.

Ein wunderbarer Schutz gegen diese negativen Schwingungen ist etwas ganz Einfaches:

Besorgt Euch Aluminiumfolie und bestrahlt sie mit Eurem Urteilchen-Strahler.

Ich habe dieses vor ein paar Jahren im Internet mal gelesen, das man den Personalausweis in Aluminiumfolie einpacken sollte, da das Aluminium nichts durchlässt.

Durch Experimente habe ich festgestellt, wenn Ihr die Aluminiumfolie mit Eurem Urteilchen-Strahler bestrahlt und etwas sagt wie, dass der Pass nur noch positive Ausstrahlung haben soll, dass dann alles Negative in positive Energie umgewandelt wird und Euch nicht schaden kann.

Dann wickelt Ihr ihn in die Aluminiumfolie dünn ein und dann wieder in Euren Geldbeutel.

Das könnt Ihr auch mit unangenehmen Briefen etc. machen, die Ihr beispielsweise von Seiten des Staats aus gezwungen seid, aufzuheben.

In dem Moment, in dem diese Post entstört ist, kann sie Euch nicht mehr schaden.

Bücher, die Ihr lesen möchtet oder glaubt lesen zu müssen, um beispielsweise zu wissen, wie die dunkle Seite arbeitet, haben ja auch keine guten Schwingungen.

Legt sie beispielsweise in eine Truhe auf den Dachboden und unter und auf die Bücher kommt eine programmierte Folie, wie eben erklärt!

Das hilft und reicht aus!

Ihr könnt jedes Mal, wenn Ihr elektrische Geräte anmacht, kurz Euren Urteilchen-Strahler drüber halten und um Entstörung bitten. Es hilft!

Was meint Ihr, wie sich Eure Edelsteine und Halbedelsteine freuen, wenn Ihr regelmäßig mit Eurem Urteilchen-Strahler über sie liebevoll hinweg geht und sie entstört oder entladet, je nachdem, was Ihr zuvor damit gemacht habt.

Ich habe letzte Woche einen Test gemacht:

Laut Wetterbericht sollte es regnen, bzw. trüb sein.

Ich merkte, dass spät abends viel gesprüht wurde am Himmel.

Also wurde Jonathan die Nacht über unter dem Velux Fenster in der Dachschräge positioniert und ich bat darum, dass alles, was nicht in den Himmel gehörte, aufgelöst wird.

Interessanterweise war es etwa in einem zwei Kilometer breitem Radius über uns schönes Wetter, also keine Chemtrails, nur hin und wieder natürliche Wolken. Aber schon nach wenigen Kilometern war ein anderes Wetter und oft auch Chemtrails am Himmel.

Ich habe dann zuhause diverse Dinge mit dem Urteilchen-Strahler programmiert, dass sie zumindest so stark sind, Chemtrails aufzulösen, wenn ich mit Jonathan unterwegs bin.

Als Hilfsmittel ist er mir mittlerweile unersetzbar geworden.

Solltet Ihr unterwegs sein und der Himmel ist wieder einmal zugemüllt, Ihr habt aber Euren Urteilchen-Strahler nicht dabei, so hilft auch ein Gebet im Stillen.

Ich benutze dann immer folgendes Gebet: „Vater, ich bitte Dich, löse alle Chemtrails über mir auf und mache den Himmel bitte wieder rein, sofern es erlaubt ist. Danke Vater, Amen, Amen, Amen!“

Es dauert meist nicht lange und alles, was unerlaubt dort oben am Himmel hängt, beginnt sich aufzulösen, ohne als schädlicher Fallout nach unten zu sinken.

Übrigens, nicht nur Benzin, Diesel oder Pflanzenöl verbrennt besser, wenn es mit dem Urteilchen-Strahler liebevoll aufgeladen wurde – nein, auch das Heizöl in Eurem Heizkessel im Keller. Das gleiche gilt auch für Erdgas oder Holz.

Ich habe festgestellt, dass eine Entstörung mit dem Urteilchen-Strahler und gleichzeitigen Anbringung der Blume des Lebens (einfach mal ‚googeln', falls Ihr sie noch nicht kennt) die Energie konstant hält!

Auch Akupressur Stellen braucht Ihr jetzt nicht mehr auswendig zu lernen.

Nehmt Euren Urteilchen-Strahler und haltet ihn auf die Stelle, die weh tut und bittet um Heilung.

Habe ich beispielsweise ein Völlegefühl in der Magengegend, weil dass Essen am Mittag einfach zu lecker schmeckte, um auf seine eingebaute ‚Essbremse' zu hören, dann bittet einfach darum, dass Euer Urteilchen-Strahler Eure Gedärme, Innereien, Euren Magen und Darm wieder in Gleichklang bringt (vielleicht noch in Verbindung mit einem erlösenden Stuhlgang).

Ich habe das bei einem Bekannten gemacht. Der sehr heftige, reinigende Stuhlgang hat nicht lange auf sich warten lassen.

Viele von Euch benutzen nur bestimmte Wassersorten zum Trinken. Ich möchte hier keine Schleichwerbung machen.

Ich habe jetzt den Test gemacht:

Einmal normales Leitungswasser.

Einmal das bestimmte Wasser ohne Kohlensäure.

Beide Gläser vor mich hin gestellt.

Das gekaufte Wasser hatte fast die gleiche Schwingung wie das Leitungswasser, da es im Supermarkt gescannt worden war.

Ich entstörte den Scanstreifen, indem ich ihn von links nach rechts durchstrich.

Jetzt hatte das Wasser aus dem Supermarkt etwas bessere Schwingungen, da ja vorher die positive Schwingung durch den Scan ja neutralisiert worden war.

Jetzt füllte ich das Leitungswasser aus der Karaffe in ein Glas, auf dem die Worte ‚*Licht, Liebe, Frieden, Harmonie, Freundschaft, Glück, Positive Gedanken, Freude*' stehen.

Was glaubt Ihr, welches Wasser jetzt höhere Schwingungen hatte?

Richtig; das aus der Wasserleitung.

Jetzt füllte ich aus der Karaffe wieder unbehandeltes Wasser in ein weiteres Glas auf dem die gleichen Worte wie beim ersten Glas stehen und zusätzlich noch: ‚*Entgiftung von allen Schadstoffen, weiches Wasser, angenehmer und vollmundiger Geschmack*'.

Was glaubt Ihr, wie jetzt das Wasser schmeckte?

Es ist einfach wunderbar! Und jetzt kam der Urteilchen-Strahler ins Spiel:

Die Karaffe, die beiden, mit Leitungswasser gefüllten Gläser, sowie die teure Wasserflasche aus dem Supermarkt wurden alle gleichlang mit dem Urteilchen-Strahler bestrahlt.

Jedes Mal sagte ich: „Ich bitte darum, dass dieses Wasser rein ist von Schadstoffen und rein von negativen Schwingungen ist, dass der Körper es gut verträgt und es hilft, Schadstoffe und Schlacken im Körper abzubauen."

Was glaubt Ihr jetzt, wie die Schwingungen des Wassers in den verschiedenen Gefäßen waren?

Richtig! Sie waren annähernd gleich!

Es war kaum noch ein Unterschied spürbar! Bei allen war die Schwingung sehr, sehr hoch!

Man kann beispielsweise noch Mutter Maria bitten, dass die Heilwasserschwingung von Lourdes noch mit hinein gegeben wird.

Jetzt habt Ihr aber wirklich ein super gesundes, sauberes und energetisierendes Wasser!

Ich möchte damit niemanden davon abhalten, sein Wasser zu kaufen, wenn er das schon immer so gemacht hat.

Ich wollte Euch nur zu verstehen geben, was alles möglich ist, wenn man an Gottes Kraft glaubt und ihr vertraut!

Jetzt komme ich zu einem Thema, was mir auch noch gar nicht solange bewusst ist:

Das Reinigen der Kleidung und der Schuhe, nachdem man das Haus oder die Wohnung verlassen hat und wieder zuhause ist.

Ich hülle mich ja in weißgoldenes Jesus Christuslicht ein, damit ist meine Aura mitgeschützt. Und meine Kleidung?

Es ist ratsam, diese, wenn man sie auszieht, kurz mit dem Urteilchen-Strahler oder dem ORa-Orgon-Strahler (hier mit schwarzer Seite) zu reinigen.

Nicht zu vergessen die Schuhe! Besonders die untere Sohle!

Ich habe jetzt vor, mir folgendes einzuprägen und zu sagen:

„Weißgoldenes Jesus Christuslicht durchflutet meinen Körper, hüllt ihn ein, schützt und reinigt ihn und schützt und reinigt auch alles, was ich bei mir habe und trage. Vielen Dank Vater, Amen, Amen, Amen!“

Damit bin nicht nur ich geschützt und gereinigt, sondern auch meine Kleidung und sogar mein Geldbeutel, falls ich ihn in der Tasche habe.

Ihr merkt schon, es gibt immer mehr Dinge zu entdecken, die man machen kann, die hilfreich sind usw.

Der nächste Ratschlag ist vielleicht auch für viele von Euch hilfreich:

Ich musste in ein Geschäft und wusste, dass die Leute dort meistens mies gelaunt sind. Ich steckte Jonathan in die rechte Jackentasche meiner Jeansjacke und zwar so, dass nur noch die Spitze leicht heraus schaute.

Ich sagte gar nichts und überließ es Jonathan, einfach nur positive Energien zu senden und das ohne den freien Willen der missgelaunten Verkäufer anzugreifen.

Wow! Die Leute waren total nett und die Schwingung des ganzen Geschäfts war auf einmal viel frischer, viel leichter. So kam es mir zumindest vor!

Das klappt bestimmt auch bei Banken, unangenehmen Terminen, Vorstellungsgesprächen etc.

Hilfreich ist es natürlich immer, wenn Ihr im Geiste den Menschen Euch gegenüber auch in weißgoldenes Jesus Christuslicht einhüllt oder ihnen einfach ‚Der Friede sei mit Dir' wünscht. Das hilft! Manchmal geschehen derart positive Dinge, dass Ihr sie selber kaum erwartet.

Dazu möchte ich ein wundervolles Beispiel nennen, das ich gestern hörte.

Ein guter Freund von mir trug sich mit dem Gedanken, seinen Arbeitsplatz zu wechseln, weil in der Firma umstrukturiert werden sollte und ihm dies überhaupt nicht gefiel.

Er überlegte hin und her, ob und wann er kündigen sollte.

Er fragte mich und die geistige Welt riet ihm, mit dem Chef darüber zu sprechen.

Er wollte und traute sich zuerst nicht und hatte schlaflose Nächte.

Er meinte, wenn er selber kündige, würde er drei Monate vom Arbeitsamt gesperrt werden und hatte deswegen Angst, dann einen unpassenden Job annehmen zu müssen, nur um diese drei Monate überbrücken zu können.

Ich sagte ihm, wenn er das Gefühl habe, dass der Job jetzt nicht mehr passte, solle er Gott Vater um Hilfe bitten.

Er fragte mich, ob ich seiner Firma mit dem Urteilchen-Strahler Licht und Liebe senden würde.

Ich bejahte es, da dies erlaubt ist.

Ferner riet ich ihm, den Chef zu konsultieren und ihm zu sagen, warum er aufhören wolle.

Er sollte auch den Chef liebevoll einhüllen.

Gestern kam der Anruf von ihm, dass er gar nicht kündigen muss und ein Aufhebungsvertrag geschrieben werden kann. Es würde sowieso demnächst jemand gesucht, der freiwillig geht, da durch die Umstrukturierung eine Stelle abgebaut werden müsse.

Was glaubt Ihr, was der Chef und mein Freund sich beide freuten, da der Chef niemanden rauswerfen musste und mein Freund jetzt nahtlos erst einmal Arbeitslosengeld bekommt und sich dann in Ruhe und stressfrei nach einer neuen Tätigkeit umsehen kann, die ihm zusagt.

Wie gesagt, wäre er jetzt gegen sein Innerstes weiter in der Firma geblieben, hätte es ihm auch passieren können, dass er eine Krankheit bekommen hätte.

Die geistige Welt sagte, dass der Urteilchen-Strahler kräftig mitgeholfen habe, dass es jetzt so ausging und der Chef noch niemanden ausgeguckt hatte, der hätte gehen dürfen.

Es ist wirklich wichtig, dass Ihr auf Euren Körper hört! Geht es Euch nicht gut, wenn Ihr etwas Bestimmtes immer wieder machen müsst, dann ändert etwas an der Situation!

Beruf kommt von Berufung!

Seit ich meiner wahren Berufung in beruflicher Hinsicht nachgehe - und das sind jetzt schon zehn Jahre - bin ich nicht mehr krank gewesen, habe eine kräftige Konstitution und fühle mich wie 27 Jahre alt.

Das es besser ist, keine Laster wie Tabak, Drogen und Alkohol zu haben, brauche ich nicht erst zu erwähnen, trotzdem möchte ich noch kurz auf die Ernährung eingehen:

Es ist nicht für jeden Menschen gleich, was er zu sich nimmt!

Das ist ein ganz wichtiger Satz!

Nicht jeder Mensch verträgt Rohkost!

Ich habe diesbezüglich als Vegetarier und 80% Veganer fast alles gelesen, was es zu lesen gibt und meinen Körper entscheiden lassen, was ihm gut tut!

Wasser, das braucht jeder Körper! Das weiß jeder!

Aber was ernährungstechnisch gut ist, muss jeder für sich selber ausmachen!

Mit dem Urteilchen-Strahler habe ich auch bezüglich der Schwingung der Nahrung schon Tests gemacht:

Jedes Essen das ohne etwas zu sagen, mit dem Urteilchen-Strahler liebevoll bestrahlt wurde, hatte eine positive Ausstrahlung!

Ich muss dazu sagen, ich habe es nur mit vegetarischen Dingen testen können, da ich kein Fleisch zu mir nehme.

In unserem Freundeskreis sind auch alle Vegetarier, daher ist das schwer mit Fleischprodukten zu testen.

Mit Käse, Joghurt und Eiern war es testbar! Alles war hinterher positiv!

Bei Eiern aus der Käfighaltung hat es sehr lange gedauert, um die Stressschwingung und die negativen Schwingungen zu neutralisieren. Hier hat auch das einfache Hinhalten des Urteilchen-Strahlers nicht geholfen! Durch Nennung von positiven Dingen wie *Frieden, Liebe, Harmonie, Genießbarkeit* und *Mitleid mit den Legehennen* konnte das negative neutralisiert werden.

Kommen wir jetzt zu heikleren Produkten:

Genmanipulierte Dinge und Zusätze, die für Menschen schädlich sein können:

Glutamate, also Geschmacksverstärker, ließen sich nach etwa drei Minuten neutralisieren, wenn man sagte, dass nur der

positive Geschmack des Verstärkers zurückbleiben solle, ohne die schädlichen Zusätze. Affirmationen: *‚Licht, Liebe, gute Bekömmlichkeit, gute Verdauung'*.

Ich kaufte extra etwas, wo gentechnisch veränderter Mais drin war.

Es dauerte etwa vier Minuten und war schwerer zu entstören als die Glutamate.

Hintergrund war ein ganz einfacher: Stellt Euch vor, Ihr seid ein genmanipuliertes Gemüse und denkt Ihr tut etwas Gutes, wenn Ihr Euch als Nahrungsmittel zur Verfügung stellt.

Jetzt kommt da jemand daher und behauptet, Ihr seid schädlich für den Menschen.

Zu weit hergeholt? Mit Nichten! Auch Nahrungsmittel haben eine gewisse Lebensschwingung!

Ich versuchte den genmanipulierten Dingen mitzuteilen, dass gegen ihren Willen mit ihnen verfahren worden war.

Durch die Entstörung würde ich ihnen und den Menschen helfen. Dann verstanden sie.

Grundsätzlich möchte ich natürlich sagen, dass ich, auch schon bevor Jonathan in mein Leben getreten ist, immer alles, was ich eingekauft hatte, erst einmal entstörte, indem ich es mit einem Kuli durchstrich und dabei die Worte „Licht und Liebe“ sagte.

Jetzt mache ich beides, entweder mit Kuli (oder Fingernagel, wenn ich grad keinen greifbar habe) oder mit Jonathan.

Das Essen wird selbstverständlich bei uns gesegnet, bevor es gegessen wird.

Das alte Tischgebet „*Komm Herr Jesus, sei unser Gast und segne, was du uns bescheret hast, Amen!*“, ist genau so stark und wunderbar wie,

„*Ich segne diese Mahlzeit im Namen des Vaters, des Sohnes und des heiligen Geistes, Amen.*“

Ihr könnt aber auch sagen: „*Lieber Gott segne diese Speisen, Amen!*“

Wenn Ihr wüsstet, wie segensreich (im wahrsten Sinne des Wortes) das Segnen ist, dann würdet Ihr es öfter tun.

Diejenigen unter Euch, die es schon lange tun, sind hiermit gerne aufgefordert, es anderen auch mitzuteilen und mit gutem Beispiel voran zu schreiten!

Der Urteilchen-Strahler steht hier bei uns sehr oft auf dem Tisch während der Mahlzeit.

Zum einen, weil er ein Freund und Familienmitglied geworden ist und zum anderen, weil ich es einfach schön finde, dass er dabei ist!

Nach diesem kleinen Exkurs über unsere Ernährung komme ich zu dem Thema, worauf mich schon einige angesprochen haben:

Hilft der Urteilchen-Strahler, auch den richtigen Partner kennen zu lernen?

Ich habe nachgefragt und es kam ein „Ja“!

Es ist möglich!

Wenn Ihr noch auf der Suche nach dem richtigen Partner seid, dann macht doch einmal folgendes:

Schreibt auf einen Zettel alles auf, was Euch bei Eurem Traumpartner stören würde und was Ihr Euch an euerem Traumpartner wünscht.

Beispiel: In der Mitte macht Ihr einen Strich und links steht: was möchte ich und rechts steht: was möchte ich nicht.

Wenn Ihr Nichtraucher seid, wollt Ihr sicherlich keinen Raucher. Wenn Ihr Vegetarier seid, wollt Ihr wahrscheinlich keinen Fleischesser.

Vielleicht wollt Ihr einen Partner, der größer oder kleiner ist, je nachdem.

Ihr könnt alles aufschreiben, was Ihr gerne hättet und was nicht.

Überlegt ruhig ein paar Tage lang und schreibt Euch alles auf, was Euch einfällt.

Dann geht bitte die Liste noch einmal durch und setzt Prioritäten.

Was ist besonders wichtig, was nur bedingt wichtig und was ist gar nicht wichtig?

Jetzt kommt der Moment, da der Urteilchen-Strahler ins Spiel kommt.

Setzt Euch ruhig hin, trinkt ausreichend Wasser, zündet eine weiße Kerze an und betet ein *Vaterunser*. Danach sprecht zum lieben Gott: „Vater, ich bitte Dich, mir zu helfen, XY in mein

Leben treten zu lassen, wenn Du es erlaubst. Ich vertraue Dir Vater, Amen, Amen, Amen!“

Danach nehmt Euren Urteilchen-Strahler und geht über jede der Reihen, die Ihr aufgeschrieben habt.

Dabei sprecht ihr beispielsweise: „Ich danke dir Urteilchen-Strahler, dass Gott Vater mir durch Dich hilft, diese Energien zu verstärken und das mein Wunsch soweit in Erfüllung geht, soweit es erlaubt ist, Amen.“

Ihr werdet merken, Euer Leben beginnt sich zu ändern. Euer Fokus ist jetzt anders ausgerichtet. Ihr nehmt andere Dinge als vorher wahr. Ihr werdet feinfühliger und sensitiver als Ihr schon seid!

Ich sage das natürlich nicht einfach so, sondern habe es im Freundeskreis schon ausprobiert und die beiden haben eben die Partner mit den gewünschten Eigenschaften bekommen.

Ich hätte ja gerne noch berichtet, wann und wie der Partner in das Leben beider kam, aber wenn es so sein soll, wird dieses Buch eine zweite oder noch mehr Auflagen bekommen und dann kann man dieses gerne ergänzen und weitere Dinge, die geschehen sind.

Vielleicht bekomme ich ja auch durch Euch Anregungen und Ideen und kann sie demnächst verwenden und weitergeben.

Einfach meinem Freund und Verleger Richard Weigerstorfer zukommen lassen, er leitet es dann an mich weiter.

Eine Idee ist gerade in meinem Kopf entstanden. Probiert es einfach mal aus!

Also, ich stelle mir gerade vor, ein junges Ehepaar ist glücklich verheiratet, aber ihr größter Wunsch – ein Kind – will sich nicht einstellen!

Jetzt kommt wieder der Urteilchen-Strahler ins Spiel!

Der Mann geht mit dem Urteilchen-Strahler über den ganzen Körper der Frau und sie sagt Bescheid, wenn es an einer Stelle wehtut oder sich irgendwie anders anfühlt.

Vorher wurde natürlich Gott Vater gebeten, über den Urteilchen-Strahler als Bindeglied sozusagen zu zeigen, was die Blockade ist, warum keine Kinder bisher kommen konnten.

Bei der Frau wird beispielsweise herausgefunden, dass der Bereich, wo das innere Kind sitzt, weh tut. Also ist die Problematik dort zu suchen.

Man kann jetzt den Urteilchen-Strahler auf das innere Kind legen und darum bitten, dass diese Situation aufgelöst wird.

Es kann sein, dass es einige Tage dauert. Die Frau merkt schon, wann es soweit ist.

Dann wird der Mann mit dem Urteilchen-Strahler abgesucht. Oftmals ist es beim Mann die Angst vor der Verantwortung, eine Blockade im Kopf, Angst zu Versagen oder auch – wie bei unserer Frau eben - das innere Kind.

Sollte es eine dieser Punkte sein, bittet auch darum, es auflösen zu dürfen und arbeitet dann mit Eurem Urteilchen-Strahler.

Mann kann auch die Hoden liebevoll mit dem Urteilchen-Strahler bestrahlen und Gott Vater bitten, dass die Spermien fruchtbar sind.

Dieses Bitten ist erlaubt! In der Regel wird geholfen, dass ein Kind entsteht.

Man sollte es sich ganz fest wünschen. Dabei ist es wichtig, dass es beide machen!

So ein fester Wunsch wird ‚dort oben', wo die Seelen nur so warten, inkarnieren zu dürfen, in dieser spannenden Zeit, sehr jubilierend aufgenommen!

Schnell findet sich in der Regel eine Seele, die zu der Familie passt und oftmals wird die Frau schneller schwanger, als sie es sich in Ihren kühnsten Träumen erhofft hat.

Schlusswort

So, ich hoffe, ich habe Euch mit meinem Buch über den Urteilchen-Strahler gut unterhalten, den einen oder anderen Tipp gegeben, eine Anregung oder vielleicht einen Wink um andere schöne Dinge mit ihm zu machen.

Dadurch, dass ich jetzt ausgiebig testen konnte und dieses dann zu Papier bringen, kam viel neuer Impuls in mein Leben und ich denke, dass dieses nicht das letzte Buch ist, welches ich schreibe.

Ich möchte Euch wirklich noch einmal ans Herz legen, wie wichtig es ist, zu beten. Ich meine damit nicht die kirchlichen Druckmittel, dass man in die Hölle kommt, wenn man nicht beichtet, betet oder regelmäßig zur Kirche geht. Nein, ich meine ein Beten aus den Tiefen des Herzen heraus, sozusagen eine Art Zwiegespräch mit unserem Schöpfer. Ihm könnt Ihr alles sagen, ihm alles anvertrauen.

Als Kind habe ich ein schönes Vorbild bezüglich des Themas ‚über alles sprechen' gehabt.

Ich fand diese Art von Don Camillo sehr lehrreich.

Ich habe schon als Bub gemerkt, wie wichtig, die innere Ansprache ist. Das innere Wort, wie man es nennt, bekomme ich nicht regelmäßig. Ich habe aber festgestellt, dass durch mein sehr starkes Gottvertrauen die innere Stimme öfter und beständiger gekommen ist.

Hüllt Euch ein und schützt Euch. Wie es geht, habe ich ja mehrmals erzählt. Ich kann Euch nur diesen Ratschlag geben. Es hilft wirklich!

Seit Jonathan Teil der Familie geworden ist, hat sich vieles verändert. Er hilft mir bei vielen Dingen, wo vorher mein innerer Schweinehund dankend abgelehnt hätte. Bin ich beispielsweise vom Flohmarkt heimgekommen und habe einige Dinge erworben, so hatte ich oft keine Lust, sofort alles energetisch zu reinigen und zu entstören. Jetzt stelle ich alles zusammen und mache es in einem Abwasch. Ist schon sehr praktisch!

Jonathan steht jetzt unter dem Dachfenster und hält den Himmel von Dingen sauber, die dort nicht hingehören! Der Himmel ist schön heute und Schwester Sonne lachte auch viel!

Wenn Ihr Euren Urteilchen-Strahler nur einmal in die Hand nehmt und versucht, Euren Kopf frei zu bekommen, dann hilft er Euch dabei!

Mir hat er sofort das Gefühl vermittelt, inneren Frieden zu bekommen!

Ich war schließlich an dem Tag, als das Paket damals kam und ich Jonathan in Empfang nehmen konnte, sehr aufgeregt.

Aber in kürzester Zeit war der innere Frieden wieder hergestellt!

Wenn Euch etwas weh tut, macht einmal Folgendes:

Wenn möglich, nehmt Euren Urteilchen-Strahler in die Hand und leitet ihn zu der Stelle, die schmerzt. Es kann schnell Linderung eintreten (solange es Gott Vater zulässt)!

Ich habe eine Vision: Ich stelle mir vor, dass alle Lichtarbeiter mit all ihren Möglichkeiten und all ihrer Kreativität Hand in Hand verbunden mit Gott Vater und der geistigen Welt sind und dass sie dadurch mit ihren positiven Liebes– und Heilungsschwingungen die Menschheit und unsere Mutter Erde mit all ihren Lebensformen auf dem göttlichen Weg global voranbringen bis in die nächst höhere Schwingungsebene, die frei von Negativität ist und von der reines, göttliches Licht ausstrahlt zur Freude und zu Ehren unseres ewigen Schöpfers.

Ich wünsche Euch jetzt viel Freude mit Eurem Urteilchen-Strahler und frohe Schaffenskraft beim Experimentieren und Tüfteln!

Euer Ralf Johann

Worte des Dankes

Ich danke meinem Freund und Herausgeber Richard Weigerstorfer, der mich ermuntert hat, dieses Buch zu schreiben.

Ich danke allen Freunden und Familienmitgliedern, die mich unterstützt haben.

Ich danke Jonathan, meinem Freund, dem Urteilchen-Strahler, ohne den dieses Buch nicht möglich gewesen wäre und natürlich danke ich der geistigen Welt für ihre Hilfe, ihren Rat und ihre Tat!

Aber der größte Dank gebührt dem Schöpfer allen Seins: Gott Vater!

Vater, ich danke Dir! Du hast mich stets unterstützt, beschützt, ermuntert und geführt!

Gott Vater - ich liebe dich von ganzem Herzen, all meiner Seele, meinem ganzen Sein, in alle Ewigkeit!

Amen ! Amen ! Amen !

Weiter Bücher des RiWei-Verlags

Ralf Johann Göppert: ***Praktischer Alltag mit dem ORa Orgon-Strahler***

Unermüdlich erforschte Ralf Johann Göppert den ORa Orgon-Strahler. Das Resultat ist ein märchenhafter Erfahrungsbericht, der in immer neuen, schillernden Farben von der Begeisterung des Autors über die Effektivität und die Vielfältigkeit der Einsatzmöglichkeiten des ORa Orgon-Strahlers erzählt. Durch spielerische Wissensvermittlung ermöglicht uns dieses Buches, viel über den ORa Orgon-Strahler zu lernen, ohne sich dessen bewusst zu sein. Für jeden, der mit dem ORa Orgon-Strahler arbeiten will, stellt dieses Buch eine kleine Schatzkammer mit einer Fülle von praktischen Erfahrungen und Anwendungsideen dar: Eine Pflichtlektüre für alle ORa Orgon-Strahler-Benutzer.

Lena Lieblich: *Kathi und andere Geschichten*

Zum Teil zusammenhängende, märchenhafte Kurzgeschichten, die sich auf spannende, phantastische, aber auch lehrreiche Weise mit positiven Lebenswerten und allgemeinen esoterischen Weisheiten befassen.

Dieses Buch ist überwältigend in seiner Aussagekraft. Die Kurzgeschichten, die modernen Märchen ähneln, reihen sich einem Sagenzyklus gleich aneinander. Wie Märchen schaffen sie es, uns beim Lesen ein warmes, wohliges Gefühl im Bauch zu hinterlassen.

Lena Lieblich: *Schlank und vital durch die Kraft der Vision*

Ein Schlankheitsbuch, das keine bestimmten Fitnessprogramme und Ernährungsmodelle fordert. Vielmehr wird durch eine visionäre Umgestaltung der Gedankensstrukturen eine Veränderung der Lebens- und Essgewohnheiten gefördert.

Lena Lieblich: ***Die Einsatzmöglichkeiten und der richtige Umgang mit dem Orgon-Strahler***

Dieses Buch stellt das Standard- und Hauptwerk über Orgon-Energie und über die Arbeitsmethoden für Energie-Strahler dar. Der Schwerpunkt dieses Buches ist zweifellos die Handhabung des ORa-Orgon-Strahlers, bzw. des Urteilchen-Strahlers. Hierfür liefert uns Lena Lieblichs Buch viele Anregungen. Alle Übungen sind gut nachvollziehbar und Fotos bzw. Zeichnungen helfen uns dabei, das weit reichende Wissen der Autorin auch für uns nutzbar zu machen.

Karin E. Huck: ***Die Schwingungsraten der klassischen Homöopathie für den ORa Wellen-Generator***

In diesem Buch verbindet Karin E. Huck, Spezialistin im Gebiet der Radionik, mit Hilfe der homöopathisch arbeitende Heilpraktikerin Elke Theisen, zum ersten Mal Homöopathie mit der praktischen Anwendung von Orgon- und Radionikgeräten. Ein wichtiges Buch für alle Homöopathieliebhaber, die gerne mit Energie-Strahlern arbeiten.

Helge Russ: ***Der Gürtel des Orion***

Ein esoterischer Roman, der geschickt esoterisch-orianische Weisheiten mit einer Liebesgeschichte, die in einem spannenden Science-Fiction Szenariospielt, verbindet.

Keman: ***Wege ins Licht: Das Erwachen der Götter*** (Teil 1)
Wege ins Licht: Die Rebellion der Götter (Teil 2)
Wege ins Licht: Das Spiel der Seelen (Teil 3)

Plejadische Übermittlungen, die uns, den göttlichen Kindern des Lichts, helfen können, damit wir die Entwicklung von der vierten in die fünfte Dimension schneller, leichter und fließender vollziehen können.

Berthold Chales-de Beaulieu: ***Meine Gartengeister: Gespräche mit Naturwesen***

In diesem amüsant geschriebenen und leicht lesbaren Buch, widmet sich Berthold Chales-de Beaulieu ganz den Pflanzengeistern seines Gartens, die, stellvertretend für alle Pflanzen der Erde, Rede und Antwort stehen.

Richard Weigerstorfer: ***Bio-Wippen: Das Training der Zukunft***

In diesem Buch werden viele medizinische, physiologische und psychologische Wirkungen vom Zimmertrampolin und vom Bio-Wipp-Gerät beschrieben. Im Anschluss finden sich die unterschiedlichsten Übungen und wertvolle Trainingsprogramme.

Peter Beck: ***Astrologie des Lichts - Eine erneuerte Astrologie der Fixsterne für das Wassermann-Zeitalter***

Dieses Buch ist eine lichtvolle Erweiterung der herkömmlichen Astrologie, die uns zu Beginn des Wassermann-Zeitalters die gewaltig lichtvollen Räume des Universums, die große Bereiche des Geistes im Horoskop vertreten, durch Einbeziehung der Fixsterne wieder zugänglich macht.

Ursula Stummvoll: ***Chan Mi-RiGong Das Wirbelsäulen Qigong: Die Basis Übungen***

Zum ersten Mal werden die seit vier Generationen mündlich überlieferten Übungen, die aus der buddhistischen Zen- und der tibetischen Mi-Schule stammen, in deutscher Sprache schriftlich zusammengefasst.